MW00782432

BIBLIOTECA ECONÓMICA FILOSÓFICA

VOL. XXI

LOS DOCE LIBROS

DE

M. AURELIO

2

REALES

MADRID

DIRECCIÓN Y ADMINISTRACIÓN

Plaza del Progreso, 3, 2.º

BIBLIOTECA

ECONÓMICA FILOSÓFICA

VOLUMEN XXI

BIBLIOTECA ECONÓMICA FILOSÓFICA

2 REALES TOMO

EXTRACTO DEL CATÁLOGO

FILOSOFÍA ANTIGUA

Volúmenes.

- I. PLATÓN. *Diálogos socráticos*. Traducción de Julián de Vargas (2.ª edición).
- XIV. EPICTETO. *Máximas*. Traducción de Antonio Zozaya.
- XVIII y XIX. PLATÓN. *Diálogos polémicos*. Traduc- [illegible] prólogo de A. Z.
- XX. CICERÓN. *De la República*. Traducción directa de A. Z.
- XXI. MARCO AURELIO. *Los doce libros*. Traducción de D. J. Díaz de Miranda.

EN PREPARACIÓN

- XXII. ARISTÓTELES. *La política*. Tomo I.

BIBLIOTECA ECONÓMICA FILOSÓFICA

VOLUMEN XXI

LOS DOCE LIBROS

DEL EMPERADOR

MARCO AURELIO

TRADUCIDOS DEL GRIEGO

POR

D. JACINTO DÍAZ DE MIRANDA

CORREGIDOS NUEVAMENTE

MADRID
DIRECCIÓN Y ADMINISTRACIÓN
Plaza del Progreso, 3, 2.º
1885

Ga 73.80.50

HARVARD COLLEGE LIBRARY
FROM THE LIBRARY OF
JEAN SANCHEZ ABREU
SEPT. 14, 1918

Queda hecho el depósito que marca la ley.

IMPRENTA DE MANUEL MINUESA DE LOS RÍOS
13 — Miguel Servet — 13

SOLILOQUIOS

DEL

EMPERADOR MARCO AURELIO

LIBRO PRIMERO

I. Aprendí de mi abuelo Vero el ser de honestas costumbres y no enojarme con facilidad.

II. De la buena fama y loable memoria de mi padre, el portarme con modestia y varonilmente.

III. De mi madre, la religión para con Dios; la liberalidad para con todos; el abstenerme, no sólo de ejecutar acción mala, sino también de cebarme en el pensamiento de ella; y además el ser frugal en la comida y no hacer vida opulenta.

IV. De mi bisabuelo, el no desdeñarme de frecuentar las escuelas públicas, y en casa echar mano de los mejores maestros; bien persuadido de que en esto no se debe perdonar gasto...

V. Del ayo *aprendí* el no tomar partido en los juegos públicos, no siendo del bando de los Prasinos, ni Venecianos, ni inclinándome á los

Parmularios ó Scutarios. Enseñóme también la tolerancia en el trabajo; el contentarme con poco, el servirme á mí mismo; el no mezclarme en los negocios ajenos, y no ser fácil en dar oídos á los chismosos.

VI. *Habiendo aprendido* de Diogneto el desprecio de ciertas artes inútiles y vanas, *me mantuve* en no dar crédito á nada de cuanto dicen los encantadores y magos acerca de sus hechizos y arte de espantar los demonios, y otras supercherías de esta clase. *Jamás me entretuve* en la que llaman pelea de codornices, ni me dejé embaucar de semejantes bagatelas. *Él mismo me habituó* á saber llevar la zumba en las conversaciones; el familiarizarme con la filosofía, dándome por maestros, primero á Bacchio, después á Tandasis y á Marciano; que de niño me ejercitase en componer diálogos morales; que en vez de asiento blando usase de unas duras tablas cubiertas con una piel; que, en fin, pusiese por obra cuanto lleva consigo la profesión de filósofo griego.

VII. *Consejo fué* de Rústico pensar que tenía necesidad de corregir y componer mis costumbres, y que corría por mi cuenta el cuidar de ellas, evitando todo género de hinchazón sofística; sin publicar nuevas instrucciones y métodos de vivir; sin recitar exhortacioncillas á la virtud; no queriendo sorprender al público con una profesión ostentosa de hombre bien ocupado en la meditación y ejercicio de la filosofía; no procurando pasar plaza ni de orador, ni de poeta, ni de astrólogo; no usando en casa vestido grave y de ceremonia, ni dando otras iguales pruebas de aparente severidad. *El mismo Rústico me persuadió* de que aun en las cartas siguiese un estilo natural y sencillo, semejante al que se deja ver en aquella que él mismo desde Sinuesa escribió á mi madre; que de tal manera dispusiese mi ánimo para con aquellos que, faltando á su deber, me diesen algo que sentir, que al punto que quisiesen volver á mi amistad, yo con toda facilidad y buena gracia me reconciliase con ellos. *Del mismo aprendí* á leer con mucha reflexión, no contentándome con una noticia superficial y pasajera de los escritos; á no dar fácil asenso á aquellos que sobre todo hablan de ligero. *Débole también el favor* de haber leido los escritos de Epicteto, habiéndome enviado el ejemplar que en su casa tenía.

VIII. *Debo* á Apollonio el saber obrar con libertad de espiritu, *desembarazado de vanos respetos;* el fijarme en mis resoluciones sin perplejidad; el no gobernarme por otros principios que por los de una buena razón, aun en las cosas mínimas; el ser siempre el mismo en los dolores agudos, en la pérdida de los hijos, en las largas enfermedades; *y en él mismo*, como en vivo ejemplar, vi claramente que cabe muy bien el que uno propio, según la cosa lo llevare, sea ya muy eficaz, ya remiso; vi que no debe un maestro en sus lecciones mostrarse desabrido é impaciente; vi un hombre que no hacía alarde de su destreza en saber proponer y acomodar las instrucciones á la capacidad de los oyentes; un hombre, por fin, que sabía cómo se deben recibir de parte de los amigos los que se llaman beneficios, sin que por ellos quede uno hecho como esclavo del otro, y sin que, por no contar con los favores recibidos, se muestre desconocido.

IX. *Enseñóme* Sexto un afecto cordial para con todos; *me dió* en su familia el modelo de una casa gobernada antes con amor de padre que con severidad de amo; *me dió* la idea de una vida conforme á la razón natural y de una gravedad sin afectación; *me avisó* del cuidado que se debe tener de acertar con el gusto de los amigos, y de sobrellevar las groserías de los ignorantes y atolondrados; en suma, el arte de acomodarse uno á todos, de modo que en su trato familiar se note más atractivo que suele experimentarse en toda adulación, y al propio tiempo se adquiera entre aquellos mismos la mayor veneración y respeto debido. *Otra instrucción suya fué* el método claro y camino seguro de inventar y ordenar las máximas necesarias para una vida ajustada, y que no se trasluzca señal de ira ú otra pasión; antes bien, por el contrario, libre de estos afectos, al mismo tiempo sea muy entrañable é inclinado á honrar sin darlo á entender, así como muy instruído sin ostentar la erudición.

X. Alejandro el gramático *hizo con su ejemplo* que yo no fuese amigo de reprender ni de zaherir á aquellos que se les fuese, ó un barbarismo ó un solecismo, ó una viciosa pronunciación de una sílaba; antes bien procurase con maña sustituir aquello sólo que se debía haber proferido, ó bien como quien pregunta, ó bien como quien confirma, ó como quien examina, no la palabra misma, sino la cosa dicha; ó, por fin, como quien amonesta con disimulo de alguna otra semejante manera cortés y agradable.

XI. Frontón *me hizo* comprender perfectamente cuál suele ser la envidia, la astucia y la hipocresía propias de un tirano; y *al mismo tiempo observar* que, en general, estos que entre nosotros llevan el nombre de patricios son en cierto modo insensibles á aquel amor que la naturaleza inspira para con las personas allegadas.

XII. *Debo* á Alejandro el platónico el consejo, no sólo de no decir frecuentemente á nadie ni de escribir, sin que sea absolutamente necesario, que estoy muy ocupado, pero aun de no rehusar jamás, con el pretexto de los negocios presentes, el cumplimiento de ninguna de aquellas obligaciones que los varios respetos de la sociedad piden de justicia.

XIII. De Cátulo *entendí* no deberse despreciar las quejas de los amigos, aun cuando aconteciere que se quejen sin razón, sino que, al contrario, es bien satisfacerles y procurar reducirles á la buena armonía acostumbrada; ser cosa muy loable el que los discípulos, con gusto y buena voluntad, alaben á sus maestros, como es fama que lo hacían Domicio y Athenodoto; por fin, que la naturaleza exige de los padres un afecto verdadero para con los hijos.

XIV. En mi hermano Severo *tuve ejemplo* de ser amante de la familia, de la verdad y de la justicia; *debile el favor* de haber conocido por su medio á Thraseas, Helvidio, Catón, Dion y Bruto; *me dió* igualmente una idea cabal de un gobierno republicano en que rija un derecho igual y común libertad en dar su voto, como de un reino que se proponga por objeto principal el conservar la libertad de sus vasallos; *ni menos obligado me reconozco al mismo* por haber aprendido de su *trato* el saber vivir sin zozobra, con aprecio y aplicación constante á la filosofía; el ser amigo de favorecer á otros, ejercitando con empeño la beneficencia; el esperar siempre bien y vivir persuadido de la buena fe y correspondencia de los amigos; el no disimular por esto la poca satisfacción que de alguno de ellos tal cual vez se tuviese; el no esperar que los amigos le adivinen á uno con su gusto ó inclinación, sino procediendo francamente con ellos.

XV. En Máximo *advertí* que debe uno ser dueño de sí mismo, sin dejarse jamás arrastrar de las ocasiones; que así en otras cualesquiera circunstancias como en las mismas enfermedades, ha de estar uno de buen ánimo; que debe generalmente tener bien templadas y moderadas las costumbres, parte suaves y apacibles, parte graves y majestuosas; que sin quejas ni murmuraciones debe uno cumplir con las obligaciones que le están á su cargo; *observé* que todos creían de él que así sentía como decía, y que cuanto obraba todo lo hacía de buena fe y sin fin torcido.

Noté en el mismo un no admirarse jamás, no pasmarse de nada, no andar jamás apresurado, jamás perezoso, jamás perplejo, jamás en lo interior acongojado ni en lo exterior fingidamente risueño, jamás de nuevo enojado, jamás, finalmente, poseído de sospecha. *Á más de esto, vi en él* una gran inclinación á hacer bien, á perdonar fácilmente, á decir siempre la verdad, dando antes pruebas de no poder ser jamás pervertido que de necesitar alguna vez de ser corregido; *y lo que me pareció cosa bien rara,* que nadie tuvo jamás motivo para pensar que Máximo le despreciaba ni se tenía por mejor que él; por fin, que no quería ser reputado por sobradamente urbano y discreto ni que se pagaba de cortesías.

XVI. Mi padre *me dió un ejemplar de todas las virtudes:* de clemencia y mansedumbre; de constancia inalterable en las resoluciones tomadas con madurez; de indiferencia respecto á la gloria popular, mostrando hacer poco caso de las que se tienen por honras; de aplicación á los negocios con gusto, y sin cesar prestándose á oir á los que quisiesen proponerle algún proyecto de pública utilidad.

Este mismo me presentó á la vista el modelo de un príncipe tan amante de la justicia, que era inaccesible á toda sugestión que le estorbase el dar á cada cual su merecido; hábil en sostener sus resoluciones y en desistir de ellas cuando convenía; ajeno de familiaridad con los mancebos, con todos jovial y humano, dejando en plena libertad á sus amigos para que no asistiesen á sus convites, ni obligándoles á que le acompañasen en sus largos viajes, sin que, por esto, los que por alguna precisión se hubiesen quedado dejasen de hallarle siempre el mismo.

Me acuerdo de su aplicación exacta y constante en sus consejos y deliberaciones, no alzando mano de ellas sin una cabal averiguación, ni dándose por satisfecho con una información pronta y superficial; de su cuidado en conservar la correspondencia con sus amigos, no fastidiándose de unos ni apasionándose de otros con exceso; de su fácil resignación en todo acontecimiento, y estar siempre risueño; de lo próvido que solía ser, previniendo sin ruido ni alboroto, y muy de antemano, aun las cosas de menor consideración; de cuán amigo era de reprimir el aplauso y todo género de lisonja hacia su persona; cómo con suma atención miraba por las necesidades del imperio, dispensando con cuenta y razón los tesoros públicos del erario, y despreciando las murmuraciones de cuantos en este particular le tachasen de poco espléndido y liberal, como también procuraba no ser supersticioso en el culto de los dioses, ni menos intentaba granjearse el aplauso popular por medio de agasajos ó lisonjas; antes bien era en todo muy moderado y constante, sin que jamás faltase á su decoro ni fuese amigo de novedades.

Por lo que mira á los bienes que sirven de regalo á la vida, de los cuales la fortuna es la que da la abundancia, *me gobierno por el régimen que tenía mi padre*, aprovechándose de ellos, aunque sin fausto, con plena libertad; de suerte que, cuando los tenía, sin rebozo los gozaba; y cuando carecía de ellos, ni aun daba señales de echarlos de menos; *en cuanto á su manera de discurrir*, jamás ninguno dijo que fuese sofista, ni un bufón criado en palacio, ni un bachiller ó escolástico sombrío; antes bien era de todos tenido por un hombre maduro, de un saber consumado, enemigo de ser lisonjeado, capaz de gobernar, no sólo sus propios negocios, sino también los ajenos. Siendo inclinado á honrar á aquellos que de veras se daban á la virtud y ejercicio de la filosofía, no por eso solía dar en cara á aquellos otros que se vendían por filósofos sin serlo; en la conversación y trato familiar era afable, y de un chiste moderadamente gracioso y sin fastidio ni ofensa de nadie; *yo le veía* diligente en el cuidado y compostura de su propio cuerpo; pero con tal moderación que no pareciese un hombre demasiado amante de la vida, ni dado á un adorno afectado, ni, por el contrario, enemigo de todo aseo, sino de modo que procuraba con diligencia mantenerse en un estado en que no necesitaba de remedios interiores ni exteriores de la medicina. Y lo que es más, *yo le veía ceder*, sin dar señal de envidia, á los hombres excelentes en alguna facultad, por ejemplo, en la oratoria, en la jurisprudencia, en la ética ó en cualquiera otra semejante, dándoles la mano para que cada uno en su profesión consiguiese una suma aceptación y aplauso. Siendo en realidad observante de la disciplina antigua y de las leyes de su patria, no por esto afectaba ser tenido por tal. Tampoco gustaba de andar á menudo mudando de lugares y ocupaciones; antes bien tenía mucho gusto en morar en unos mismos sitios y ocuparse en los mismos ejercicios; *tanto que*, así que le cesaban los agudos dolores de cabeza *de que solía verse molestado*, al punto con nuevo empeño y vigor volvía á sus acostumbradas fatigas.

Era un príncipe que rarísima vez y en poquísimas cosas hacía misterios, y nunca sobre otros negocios que en los que eran propios del Estado. Como no se gobernaba sino por las reglas sólidas de su deber, sin dejarse llevar del aura popular, guardaba una prudente moderación en lo que mira á dar espectáculos y regocijos públicos; á levantar fábricas y monumentos magníficos; á regalar al pueblo con donativos y distribuciones, y en otras cosas de esta naturaleza. No usaba á deshora del baño; no tenía pasión por edificar; no se cuidaba de manjares delicados en la comida, de nuevas modas y exquisitos colores en el vestido; no solicitaba tener entre sus pajes la flor de la más bella juventud.

La toga, que en el lugar de Lorio llevaba, había sido trabajada en una aldea vecina; comúnmente en Lanubio iba con sólo la túnica, y en el Tusculano usaba la *pénula*, si bien solía disculparse de la libertad que en esto se tomaba.

Y ésta era habitualmente su manera de vivir; *de suerte que no se conocía en su conducta rastro alguno* ni de aspereza, ni de altanería, ni de exceso tan vehemente y precipitado que tuviese en ello lugar lo que vulgarmente se dice: *No más; basta ya, que apunta el sudor;* antes bien se veían todas sus cosas meditadas con madurez, despacio y sin turbación; con orden, vigor y perfecta correspondencia entre sí mismas; y así se le podía aplicar con razón lo que de Sócrates suele decirse: que sabía y podía igualmente abstenerse y gozar de aquellos bienes, de los cuales generalmente ni pueden los hombres privarse por su delicadeza, ni disfrutar moderadamente por su destemplanza. *Y en realidad de verdad, es prueba de un* hombre perfectamente sabio y superior á las pasiones el saber en lo uno ser sufrido y en lo otro templado. *Por fin, en mi padre admiré mucho* el modo con que se portó en la enfermedad de Máximo.

XVII. *Debo á los dioses, así el haber tenido* buenos abuelos, buenos padres, una buena hermana, buenos maestros, buena familia, parientes, amigos, y, por decirlo en breve, todo género de bienes, como el no haber faltado en nada á mi deber con ninguno de ellos, tanto más teniendo yo en mí mismo tal disposición que, en fuerza de ella, si se me hubiese ofrecido la ocasión, habría sin duda cometido alguna falta en este particular; pero gracias á los dioses, que con su favor nunca hubo tal concurrencia de cosas, que en ella se descubriese mi ruin disposición.

Á los mismos agradezco, ya el no haber sido por largo tiempo educado en casa de la dama de mi abuelo, ya también el no haber marchitado con ninguna infamia la flor de mi juventud, y el no haber consentido en contraer matrimonio antes de sazón, sino haber dejado que pasase primero algún tiempo. *Los mismos dispusieron* que yo viviese bajo la dirección de un príncipe y juntamente padre, de quien no ignoraban que me había de quitar todo género de orgullo, haciéndome entrar en la idea de que se puede componer fácilmente el que uno viva en palacio, sin que necesite de guardias, ni use vestidos suntuosos, ni le precedan en el público lámparas, *ó sean hachas* encendidas; no teniendo en los salones aquella larga serie de estatuas, ni gastando semejante pompa y aparato; antes, por el contrario, cabe muy bien que uno en palacio se reduzca á imitar muy de cerca la vida privada de un ciudadano particular, sin que por esto pierda un punto de su grandeza y fuerza para ejercer con toda la autoridad de superior las funciones públicas del Imperio.

Beneficio fué de los dioses el haberme cabido en suerte un hermano tal, que, por una parte, me obligase con sus costumbres á cuidar mucho de mi misma conducta, y por otra, con el respeto y amor que me tenía, me sirviese de grande consuelo; *beneficio*, el haberme dado unos hijos no faltos de talento y no contrahechos; *beneficio*, el que yo no hiciese grandes progresos en la retórica, ni en la poesía, ni en otros estudios; porque tal vez en éstos me hubiera estancado, sin pasar á otra cosa, si en ellos me hubiera visto muy adelantado. *Me reconozco obligado á los mismos* por haber yo promovido á los que corrieron con mi educación, concediéndoles los honores que á mi parecer deseaban, y no dilatando sus esperanzas con las buenas razones de que todavía eran jóvenes y que con el tiempo les premiaría. *Tengo por singular favor de la Providencia divina* el haber conocido á Apolonio, Rústico y Máximo, como también el que muy á menudo y con mucha claridad se me representase el sistema de una vida conforme á la naturaleza.

De modo que, por lo que mira á los dioses, á

los movimientos interiores, á los auxilios é inspiraciones que de parte de ellos recibí, me hallo en estado de vivir acorde con la naturaleza, si yo por mi culpa, ó por no querer seguir y observar los avisos, y no sé si diga las lecciones, que ellos mismos me dan, no me quedare atrás. *¡Qué diré* de que mi cuerpo haya podido por tanto tiempo resistir al trabajo en este género de vida; de que yo no llegase á tener un trato poco decente ni con *Benedicta* ni con *Theodoto*, sino que con el tiempo me viese libre de aquellos afectos poco castos á que antes había dado lugar; de que, enojado muchas veces contra Rústico, no por eso jamás me propasé á alguna resolución de que después tuviese que arrepentirme!

No vivo menos reconocido á la misma Providencia, habiéndola debido el que mi madre, aunque hubiese de morir joven, con todo tuviese el consuelo de pasar en mi compañía los últimos años de su vida; el que yo, cuantas veces quise socorrer á algún pobre, ó bien á otro cualquiera que tuviese necesidad de mí para distinto fin, jamás me oyese decir que no tenía por entonces dinero con que poder hacerlo, y que ni tampoco me viese yo en igual necesidad de socorro ajeno.

El que yo, *por mi buena suerte*, tuviese una consorte de unas prendas tan bellas, tan inclinada á complacerme, tan apasionada por mí, de una condición tan llana y sencilla; el poder echar mano de tantos y tan hábiles maestros para mis hijos; el proponerme entre sueños aquellos remedios de que yo necesitaba, y, entre otros, los que me habían de servir contra el esputo de sangre y los vahidos de cabeza, lo que me aconteció en Gaeta. El que, habiendo yo concebido mucha pasión por la filosofía, ni tuviese la desgracia de dar con algún sofista, ni de perder malamente el tiempo en revolver escritores, ó en resolver silogismos, ó en discurrir de meteoros; porque sin duda es así, que cuanto acabo de referir no me pudo acontecer sin el socorro de los dioses y favor de la fortuna.

Esto se escribió entre los quados, cerca de Granea.

LIBRO SEGUNDO

I. Por la mañana *no dejes* de hacerte esta cuenta, *diciendo:* tropezaré hoy con algún curioso, con algún ingrato, con algún provocativo, con otro doloso, con otro envidioso, con otro intratable: todos estos vicios les vienen á ellos de la ignorancia del bien y del mal. Pero yo, que, por una parte, tengo bien visto y meditado que la naturaleza del bien totalmente consiste en lo *honesto*, la del mal en lo *torpe*, y que, por otra, conozgo á fondo ser tal la condición del que peca que no deja de ser mi pariente, no por un vínculo *común de una misma* sangre ó prosapia, sino porque participamos de una misma mente y partícula ó porción divina, *bien sé* que ninguno de éstos puede perjudicarme (puesto que ningún otro, no queriendo yo, puede complicarme en su infamia), ni debo enojarme contra quien es mi pariente, ni concebir odio contra su persona. Porque los hombres hemos nacido para ayudarnos mutuamente, como *lo hacen* los pies, las manos, los párpados, los dos órdenes de dientes; por tanto, es cosa contra la naturaleza que unos á otros nos ofendamos, como sin duda lo hace el que se enoja con otros y les es contrario.

II. Todo mi ser consiste en *una porción* de carne, espíritu y mente, que es la parte principal. Déjate ya, pues, de libros: no te distraigas, ¿No tienes en tu mano hacer *cuanto te digo*? Tú, como quien en breve ha de morir, desprecia tu cuerpezuelo, que no es otro que una crasa sangre, unos huesecillos y un tejidillo de nervios, de pequeñas venas y de arterias. Mira qué cosa viene á ser tu espíritu: viento es; ni siempre un mismo viento, antes bien de un instante á otro renovado. Quédate, pues, en tercer lugar la *mente*, parte principal. Hazte así la cuenta: viejo eres, no permitas más que el *alma, de suyo señora*, se esclavice, ni que sea agitada con el ímpetu de las pasiones contrarias á la sociedad: no te desazonen las presentes disposiciones del hado, ni las futuras te asusten.

III. Las obras de los dioses *se dejan ver* llenas de providencia; las de la fortuna, ó tienen su origen en la misma naturaleza, ó no suceden sin concierto y conexión con aquellos efectos á los cuales rige y preside la Providencia, de la cual todo dimana. Además de que así la necesidad como la utilidad del universo, del cual tú eres una parte, pide de suyo *que las cosas tengan este curso que vemos*. Y podemos decir que es bien de cada una de las partes de la naturaleza aquello mismo que la condición del universo lleva consigo, y aquello también que de suyo se ordena á la conservación del mismo.

Ahora pues, ¿quién no ve que igualmente la mutación de los elementos y de los mixtos conservan en su ser al mundo? Esto te baste; estos sean para ti tus dogmas perpetuos; echa, pues, de ti esa sed *insaciable* de leer, para que no mueras con repugnancia; antes bien con resignación verdadera, y agradecido á los dioses, *por más que no hayas podido leer tanto libro como deseabas.*

IV. Recuerda cuánto tiempo hace ya que dilatas la ejecución *de estas máximas*, y cuántas veces, habiéndote los dioses concedido aquel plazo que te habías prefijado, con todo no te has aprovechado de él. Es menester, pues, que ahora por fin conozcas de cuál mundo eres una parte, y de cuál gobernador del mundo has salido como un destello; *que medites* que tienes predefinido el término de tu vida en un tiempo acotado; del cual, si no te aprovechares, serenando tus apetitos y pasiones, él se te pasará, y tú pasarás con él, y otra vez no volverá.

V. Cuida á todas horas de obrar valerosamente, como corresponde á un romano y á un hombre *de gran vigor, ejecutando* aquello que tuvieres entre manos con una gravedad perfecta y natural, con mucha humanidad, con franqueza, con entereza y justicia; poniendo en calma tu corazón, desembarazado de cualquiera otro cuidado y pensamiento. *Y podrás ciertamente ponerlo en calma* si hicieres cada acción en particular, como si ella fuere la última de tu vida; libre de toda temeridad, libre de todo afecto contrario á los dictámenes de la razón, libre de ficción, de amor propio y de displicencia en las disposiciones del hado. ¿No ves cuán pocas *máximas* son aquellas que, bien practicadas, bastan para *norte de una feliz* navegación en el mundo y entable de una vida casi divina? Porque los dioses se darán por satisfechos del que estas cosas observare.

VI. Tú, oh alma mía, te deshonras, te lo *vuelvo á decir,* te deshonras á ti misma, *ni te haces cuenta* que no tendrás más tiempo de adquirirte aquel honor que á ti misma te debes; porque ninguno tiene más que una vida, y ésta se te pasó casi toda sin contar con el respeto debido *á tu misma dignidad,* antes poniendo toda tu felicidad en hacerte honor para con los otros.

VII. Mira no te distraigan los negocios exteriores que te sobrevinieren; antes bien procura desocuparte para aprender algo más, y déjate de andar girando *de acá para allá*, como una devanadera. Porque ve aquí otro engaño y error, *y es que* muchos, en una vida muy ocupada y laboriosa, emplean su trabajo en cosas frívolas, sin proponerse blanco alguno al cual absolutamente dirijan todas sus miras y afectos.

VIII. No irá mal á alguno por no entrometerse en lo que ocurre en el ánimo de otro; pero es imposible el que deje de ir mal á quien no escudriña lo que pasa en el suyo.

IX. Es menester tener siempre presentes *estas pocas ideas: primera,* cuál es la naturaleza del universo; *segunda,* cuál es mi misma naturaleza; *tercera,* cuál es el orden y respecto que ésta tiene para con aquélla; *cuarta,* cuál parte viene ésta á ser, y de qué todo viene á ser la tal parte; *quinta,* que ninguno puede impedir que tú hagas siempre y digas aquello que sea conforme con aquella naturaleza de que eres una parte.

X. *Verdaderamente* habló como filósofo Teofrasto cuando, en aquella comparación *que hacía* de los pecados entre sí (según que uno, vulgarmente hablando, puede comparar cosas entre sí iguales), dijo: que los pecados cometidos por deleite son más graves que los que por ira se suelen cometer; porque se ve que un hombre enojado se aparta de la razón con cierta angustia de corazón; pero el que por satisfacer su gusto peca, vencido del deleite muestras da d eser un hombre más destemplado y en cierto modo afeminado en sus pasiones. Dijo, pues, bien, y conforme á *las máximas* de la filosofía, que un desorden cometido por gusto era mayor delito que otro hecho con dolor. *Lo que no se puede dudar* es que el uno se parece más á un hombre que, provocado, se ve forzado á irritarse por la pena *que en sí siente;* pero que el otro de suyo hiere, *siendo el primero* en hacer una sinrazón, movido á obrar por capricho y antojo.

XI. *Es necesario* que en todas tus acciones y pensamientos te portes como quien puede en el mismo punto salir de esta vida, si bien esto de salir de entre los hombres, si hay dioses, nada quiere decir, puesto que ellos ningún mal podrán hacerte; pero si no los hay, ó si, por más que los haya, no cuidan ellos de las cosas humanas, ¿para qué quiero yo vivir en un mundo falto de dioses y sin Providencia? Pero *la verdad es* que los hay, y que miran por las cosas humanas, dejando en nuestra mano el que no vengamos á incurrir en los que son verdaderamente males. *Y la verdad es* que si alguna de las otras cosas que se reputan por males fuese un verdadero mal, habrían los dioses tomado sus medidas á fin de que fuese libre cada uno de no caer en él.

Pues en este sistema de cosas, ¿cómo podrá lo que no hace peor al hombre en sí mismo empeorar la vida del hombre? *Ello es cierto* que la naturaleza del Universo ni por ignorancia habría dejado de proveer de remedio para este mal, ni de propósito lo habría despreciado (como sin arbitrio para precaverlo ó corregirlo, *según algunos falsamente opinan)*, ni, en suma, habría cometido un descuido tan grande, ó por falta de poder, ó de saber, como sería el que, con suma confusión, los bienes y los males *verdaderos* fuesen igualmente comunes á buenos y malos. *Nosotros ahora, sin duda, vemos* que la muerte y la vida, el honor y la infamia, la molestia y el deleite, la riqueza y la pobreza, no siendo cosas de suyo honestas ni torpes, acontecen á buenos y malos; luego ellas en rigor ni son bienes ni males.

XII. Es asunto digno de toda atención reflexionar con cuánta velocidad se pasa todo; *cuán presto* en el mundo mismo desaparecen los cuerpos; *cuán en breve* hasta la memoria de ellos se borra en la posteridad: que ésta es la condición de todos los objetos sensibles, y con particularidad de aquellos que blandamente nos halagan, ó con molestia nos apartan de sí, ó con su vanísimo aparato nos encantan: concluir cuán viles son estas cosas, cuán dignas de desprecio, cuán sórdidas, cuán caducas y perecederas. *Ni conviene meditar menos* quiénes son aquellos de cuyo modo de pensar y hablar *depende* la gloria y la fama. *Pero sobre todo es necesario tener bien entendido* qué cosa sea morir; porque si uno lo considera como ello es en sí, procurando con una precisión exacta en sus ideas separar de la muerte los horrores y espantos que abulta la imaginación, verá que el morir no viene á ser otra cosa que un efecto propio de la naturaleza, *y claro está* que es cosa pueril si alguno teme los efectos de la naturaleza. *Lo más es* que no sólo el morir es efecto de la naturaleza, pero aun conveniencia de la misma. *Por fin debe un sabio meditar* de qué manera se une un hombre con Dios.

XIII. No puede darse cosa más infeliz que un hombre que, girando de acá para allá, y corriéndolo todo, averiguando hasta lo que está bajo tierra é indagando por conjeturas los pensamientos y secretos de su prójimo, no acaba de entender que le basta el saber conversar con sola *aquella mente* que dentro de sí tiene, haciendo con ella los oficios que la son debidos. Y los oficios que *se deben hacer con ésta* consisten en conservarla libre de pasiones, de temeridad, de disgusto y *repugnancia* en aquellas cosas que de parte de los dioses y de los hombres acontecieren. Porque las cosas de los dioses son dignas de toda veneración por ser obras virtuosas, y las de los hombres, siendo éstos nuestros prójimos, deben sernos gratas y bien aceptadas, si bien alguna vez las mismas en cierto modo nos deben ser objeto de compasión, atendida la ignorancia del bien y del mal de la cual proceden; siendo así que no es menor defecto este género de ceguedad en el ánimo que aquella que nos priva de poder discernir lo blanco de lo negro.

XIV. Por más que tú hubieses de vivir tres mil años, y, si quieres aun, treinta mil, con todo, haz por acordarte que ninguno pierde otra vida al morir que esta con que vive, ni vive con otra que con esta que pierde; así que lo más largo y lo más breve de la vida viene al cabo á reducirse á lo mismo, porque para todos es igual aquel momento presente en que se vive; será, pues, igual á todos lo que se pierde de vida, y de este modo lo que se pierde viene á ser un indivisible. *Y la razón de todo es* porque ninguno puede perder ni aquel tiempo que ya se le pasó, ni tampoco el que aun está por venir: porque ¿cómo se puede quitar á uno lo que uno no tiene? Conviene, pues, tener siempre en la mente estas dos máximas: la una es que, puesto que todas las cosas desde una eternidad se presentaron con el mismo semblante y siguieron el mismo *curso* y giro, el contemplarlas ciento, doscientos años ó un tiempo ilimitado, en realidad no se diferencia en nada. La otra es que el que hubiere de vivir una vida muy larga, y el que hubiere de morir muy pronto, igual momento de vida pierden; porque únicamente podían ser privados del tiempo presente que sólo gozaban, visto que nadie pierde lo que no posee.

XV. Que todo sea una vanidad fundada en sola opinión lo declara Monimo el Cínico en

sus escritos, cuya utilidad claramente verá aque
que supiere valerse del chiste que en ellos reina,
sin pasar más allá de lo que permite la verdad.

XVI. El alma del hombre se infama á sí misma, con particularidad cuando viene á hacerse, por lo que á sí toca, como un tumor extraordinario *en el cuerpo político* del mundo; porque el no conformarse con alguno de los acontecimientos que ocurren viene á ser cierto absceso de la naturaleza universal, en la que todas las demás cosas, cada una por su parte, ocupan su lugar respectivo. ¡Y acaso *no la sucede esto mismo* siempre que se muestra adversa ó hace oposición á alguno de los otros hombres con el fin de hacerle mal, como suelen practicarlo las almas que se hallan poseídas de ira! Lo tercero, á sí misma se deshonra el alma racional cuando cede y se da por vencida del deleite ó de la pena; lo cuarto, cuando, á manera de hipócrita, hace ó dice algo fingida y falsamente; lo quinto, cuando, no proponiéndose blanco alguno en sus acciones ni en sus apetitos, obra temerariamente, siendo así que aun las más mínimas acciones deben hacerse con el debido orden y respecto á su fin, el cual fin en las racionales no es otro que el obedecer á la razón y sujetarse al derecho de la naturaleza, que es, *por decirlo así*, la más noble y más antigua ciudad y gobierno.

XVII. El tiempo de la vida humana no es más que un punto; la materia *de que se compone el hombre* padece sin cesar una continua disipación; sus sentidos torpes y oscurecidos; toda la constitución del cuerpo se inclina fácilmente á la corrupción; el alma inconstante y en continua agitación; la fortuna incierta y difícil de atinar; la fama muy dudosa é indefinible; en suma, todas las cosas propias del cuerpo son á manera de un río, *que siempre corre;* las del alma vienen á ser un sueño y un poco de humo; la vida, una guerra perpetua y la corta detención de un peregrino; la fama de la posteridad, un olvido. ¿Qué cosa, pues, hay que nos pueda llevar á salvamento? Una sola, y ésta es la filosofía; *digo* aquella filosofía que se empeña en conservar sin ignominia ni lesión *el espíritu,* ó mente interior, en mantenerlo superior al deleite y al dolor; lejos de obrar sin reflexión, lejos de toda falsedad y ficción; contento consigo mismo, y sin necesitar de que otro haga ó no haga tal cosa; *conforme con todo lo que viniere,* y satisfecho, además de esto, con la parte que le tocare en los varios sucesos, ya que todos vienen de aquella misma mano de donde él salió, y sobre todo capaz de ver venir la muerte con un ánimo plácido y sosegado, persuadiéndose de que no es otra cosa que la separación de aquellas partes de que todo viviente animado se compone. Y, en efecto, si á los mismos elementos no les viene mal alguno de que los unos de continuo se muden y conviertan en otros, ¿por qué temerá uno la mutación y resolución de todas las otras cosas? ¿No es ella conforme á la naturaleza? ¿Puede acaso una cosa conforme á la naturaleza ser mala?

Esto se escribió en Carnuto.

LIBRO TERCERO

I. No se debe contentar uno con hacerse sólo la cuenta que, acortándosele de día en día el tiempo de la vida, la parte que le queda por instantes se le va haciendo menor, sino que mucho más debe reflexionar que, si más tiempo viviere, estará siempre incierto si una igual disposición de mente en que se halla le acompañará en adelante, pronta para la inteligencia de las cosas ocurrentes, y para aquella meditación que de suyo conduce al verdadero conocimiento de las cosas divinas y humanas. Porque si una vez la razón empezare á flaquear, por más que no le falte á uno ni la transpiración, ni la nutrición, ni la fuerza de imaginar y de apetecer, ni de otras facultades semejantes, con todo, se le apagará el vigor para poder usar de sí mismo, para cumplir á la perfección con su deber, para ordenar y arreglar bien sus pensamientos y para resolver con madurez *si ya es tiempo de darse la muerte;* finalmente, para ejecutar todas aquellas cosas que piden una razón ejercitada y *vigorosa*. Conviene, pues, darse prisa, no sólo porque por momentos se va uno acercando más á la muerte, sino porque le va desamparando el conocimiento y reflexión en los negocios.

II. Ni deja de ser cosa digna de consideración que todo aquello, que es como sobrepuesto á alguna obra *principal* de las que hace la naturaleza, lleva un atractivo particular. Lo mismo vemos que sucede al pan que en el horno se abre, y no obstante eso, aunque aquellas hendiduras son de algún modo fuera de la intención del panadero, con todo le dan hermosura y excitan muy particularmente la gana de comerle. Asimismo los higos, cuando están muy sazonados, suelen abrirse; y en las aceitunas reventadas de maduras, el mismo distar poco de la corrupción añade al fruto una estima y aprecio singular. Y si uno se pusiese á considerar *despacio* y en particular la naturaleza, hallaría que el inclinarse hacia abajo las espigas, que la melena del león, que la espuma en la boca del jabalí, y, por abreviar, otras mil cosas más, aunque *por sí mismas* ninguna hermosura ofrezcan á la vista, no obstante, por ser añadiduras, que de suyo van con las demás obras de la naturaleza, á un mismo tiempo las hermosean y causan admiración; de modo que si uno tuviese un ánimo atento y fijase altamente la consideración en las cosas que se hacen en el mundo, *estoy por decir* que aun en estas como consecuencias y adiciones naturales, nada se le presentaría que no le pareciese en cierta manera más agradable; y así también aquella abertura de boca, vista en las fieras á quienes es natural, no le deleitaría menos de lo que suele deleitar cuando los pintores y estatuarios la remedan; y este mismo podría con ojos castos mirar igualmente la amable belleza de los niños que aquella madurez y gracia ya pasada que muestran en su semblante las personas de mucha edad. Y, por último, otras muchas cosas de este jaez se le pondrían delante, las cuales no pueden ser del gusto de todos, sino sólo de aquel que se ha hecho familiar la naturaleza y tiene ejercitada la mente en la verdadera contemplación de sus obras.

III. Hipócrates, habiendo curado á muchos de grandes males, enfermando él mismo, al cabo murió. Á muchos predijeron la muerte los caldeos, y no por eso dejó de llegarles su día y destino fatal. Alejandro, Pompeyo y Cayo César, habiendo tantas veces destruído desde los cimientos muchas ciudades y habiendo degollado en campo de batalla muchísimos centenares de infantes y caballos, al fin también fallecieron ellos mismos. Murió Heráclito de enfermedad de hidropesía y cubierto de estiércol, sin que le preservase una prolija disertación sobre el último incendio del universo. Demócrito murió comido de parásitos, y parásitos, bien que de otra casta, quitaron la vida á Sócrates. Pero ¿á qué viene todo esto? ¿Á qué ha de venir? Te embarcaste, hiciste tu viaje, llegaste al puerto, desembarcaste, que si es para *vivir* otra vida, ni aun allá echarás ménos á los dioses; pero si es para quedarte *del todo* sin sentido, acabarás ya de verte agobiado de penas y privado de gustos, no sirviendo ya á ese vaso *inmundo* de tu cuerpo, que es de condición tan inferior, y que de suyo debiera servir como esclavo, puesto que, en el hombre, la una parte consiste en la mente y espíritu; la otra no es más que tierra.

IV. No malogres el tiempo que te queda en averiguar vidas ajenas, á no ser que lo hagas con la mira de servir al pueblo; quiero decir que no revuelvas en tu imaginación qué hace este ó aquel y por qué lo hace; qué dice, qué piensa, qué maquina, y otras cosas á este modo, *porque la curiosidad de los hechos ajenos* distrae del cultivo y cuidado de su mismo espíritu. Es menester, pues, guardarse mucho, que en la serie y discurso de tus pensamientos nada se entrometa de temerario y superfluo, y con más especialidad nada de curioso y maligno; y también acostumbrarte á meditar solamente en aquello sobre lo cual, de repente reconvenido: ¿en qué piensas ahora?, pudieses al punto con toda franqueza responder: en esto ó en aquello pensaba; de suerte que por la tal respuesta, al momento se dejase ver un ánimo en todo sincero y bondadoso, propio de quien ama la sociedad, de quien desprecia los placeres y de una vez echa de sí las ideas de una vida afeminada; de quien ni tiene odio, ni envidia, ni sospecha contra nadie, ni otro afecto alguno desordenado, por el cual le sea preciso avergonzarse al decir claramente que aquello era lo que en la mente tenía. Porque un hombre de esta clase, debiendo sin más pruebas ser reputado por un varón perfecto, viene á ser como un sacerdote y ministro de los dioses, que se sirve, como es razón, de *aquel numen* que tiene en su pecho consagrado. Esto mismo hace que un hombre tal no se contamine con los deleites; que sea invencible en todo trabajo, exento de toda especie de injuria, ni le haga impresión alguna la maldad ajena; que sea un atleta glorioso en el más bello certamen, nunca vencido ni arrastrado de pasión alguna; empapado en la justicia y virtud; abrazando con toda el alma cuanto acontece y dispensan los hados; entretenido rara vez, y nunca sin grande necesidad y utilidad pública, en pensar lo que otros dicen, hacen ó maquinan, únicamente pára sus mientes en perfeccionar sus acciones y está atento continuamente á la parte que le cabe en el repartimiento de los hados consiguientes en el universo; y así en lo uno cumple con su deber, y en lo otro se persuade de que las disposiciones son santas, puesto que la suerte que á cada uno en particular se le ha destinado, sobre cuadrarle muy bien, al mismo tiempo se ve serle muy útil. Él mismo tiene bien presente que, logrando todo lo que participa de razón un común parentesco, también es conforme á la naturaleza humana el cuidar é interesarse en las cosas pertenecientes á su prójimo; pero no de modo que busque el aplauso y aprobación de todos, sino solamente de aquellos que, sin disputa alguna, viven conforme á las leyes de la naturaleza; porque respecto de los que no viven en esta forma, no se olvida jamás de cómo estos tales se portan en casa y fuera de ella, de día y de noche, y cómo gustan de revolcarse en un mismo lodo con otros sus iguales; por consiguiente, tampoco cuenta con las alabanzas de aquellos que de sí mismos no están satisfechos.

V. No hagas cosa alguna de mala gana, ni hagas tus cosas sin respecto al bien común; nada harás sin examinarlo de antemano, ni lo harás arrastrado de *alguna pasión*. No busques un adorno afectado de palabras para explicar tus pensamientos; no seas amigo de hablar demasiado, ni hombre de muchos negocios. Antes bien, procura que ese tu dios *ó tu espíritu* sea el conductor y guía de un varón grave, de un anciano, de un ciudadano amante del pueblo, de un romano, de un príncipe tan resuelto como el que más á partirse de esta vida sobre la marcha al mismo punto que oyere la señal de la retirada. Nunca necesites de juramento ni de testigo alguno *para ser creído*. Á más de esto mantén un semblante placentero, *indicio de un ánimo* que no necesita de que otros le procuren su tranquilidad interior; es menester, pues, que te mantengas sobre ti, no necesitando de otro apoyo.

VI. Si en el discurso de la vida hallares algo más recomendable que la justicia, la verdad, la moderación, la fortaleza, y, para decirlo de una vez, de mayor aprecio que aquella disposición de ánimo *en fuerza de la cual* uno se conforma gustoso con la recta razón en la práctica de sus acciones, y se contenta con las disposiciones del hado, que no dependen de su elección; si algo, digo, hubieres visto de mejor condición, abrazándolo con toda tu alma, goza enhorabuena de ese mayor bien. Pero si nada se te presentare más excelente que ese tu *espíritu* ó *numen* en tu pecho consagrado, que es el que tiene á raya sus propios apetitos, que examina los pensamientos que se ofrecen á la fantasía, que se desprende de los halagos de los sentidos, como Sócrates solía decir; que se sujeta á sí mismo á los dioses y que tiene cuenta con el bien del prójimo; si hallares, pues, que toda otra cosa es mucho menor y de menos valor que tu espíritu, no quieras dar cabida á otro bien alguno; al cual si una vez te rindieres, ya no podrás después, sin mucha repugnancia y contradicción, dar el primer lugar á aquel otro que es propiamente tu bien. Y, en realidad de verdad, no es conforme á justicia y razón que ningún otro género de bien, como es el aplauso popular, el mando, la riqueza, el deleite, se atreva á disputar el primer lugar contra el bien honesto, propio de la razón y sociedad; bien entendido que si uno juzgare deber condescender en algo con cualquiera de estos bienes enseñoreados de su corazón, lo arrastrarán tras sí. Digo, pues, que, escogiendo tú de buena fe y generosamente lo mejor, te afirmes en ello. Y sin duda lo mejor es lo más útil, y en que deberás mantenerte, si te conduce como á racional, y huir, si como á dominado del apetito, y sobre todo procura conservar un juicio recto y libre de preocupaciones, para que con toda seguridad puedas hacer un examen verdadero.

VII. Jamás califiques de útil para ti mismo lo que tal vez puede empeñarte en faltar á tu palabra, en desestimar la modestia, en aborrecer á otro, en tenerle por sospechoso, en abominar de él, en mostrarte doble; finalmente, en apasionarte por alguna cosa de las que no pueden hacerse sino á puertas cerradas. Pues quien á todo lo demás antepusiere su mente y alma, no habiendo para él cosa más sagrada que las religiosas ceremonias de la virtud, este tal no se entregará al llanto, no temerá la soledad ni el concurso, y, lo que más es, no vivirá buscando la *muerte* ni huyendo de ella; *persuadido* que nada le va en que por más ó menos tiempo viva unida su alma con su cuerpo. Porque si al mismo punto le fuese necesario partirse del mundo, tan expedito y desembarazado se marcharia como si hubiese de ir á practicar con decoro y buen modo cualquiera otra función de la vida, siempre acostumbrado á precaverse tan sólo de que su mente rehuse los oficios propios de hombre racional y sociable.

VIII. En el espíritu de un hombre muy moderado y cándido, nada hallarás corrompido ni contaminado. Ni menos podrá la Parca arrebatarle la vida en tal estado, que no haya llegado ya al término de su perfección, al modo que podría alguno decir de una persona de teatro, que se salía de él antes de dar fin á la acción trágica que representaba. Á más de esto, en el mismo jamás verás cosa servil, ni afectada, ni postiza, ni sectaria ó sediciosa, ni que se resista al examen, ni que pretenda quedar oculta.

IX. Ten gran cuenta con la opinión, porque todo depende de ahí, para que jamás se introduzca en tu espíritu alguna opinión repugnante á la naturaleza y condición de un viviente que participa de razón. Y lo que la tal condición requiere es reserva en el juzgar, familiaridad para con los hombres y obediencia á los dioses.

X. Echando, pues, de ti todo otro cuidado, pon sólo atención en estas consideraciones, y al mismo tiempo acuérdate de que cada uno no vive más de lo que es el tiempo presente, en que vive, que es un punto indivisible, y que todo el resto de su vida, ó ya lo acabó de vivir, ó es incierto. Es, pues, nada lo que uno vive; nada el rincón de la tierra en donde pasa su vida; nada la más extendida fama de la posteridad; fama propagada por la sucesión de unos hombrecillos que muy en breve se morirán, y que, no conociéndose bien á sí mismos, están muy lejos de poder juzgar de los que antes murieron.

XI. Á los avisos que llevo dichos, debe añadirse uno más, y es que siempre se haga la definición ó la descripción de aquello que nos presentare la imaginación de modo que distintamente contemple uno cuál es su naturaleza, tomada de por sí precisamente y mirada según todas sus partes, y que también diga para consigo mismo: tal es el nombre propio y peculiar de la tal cosa, tales los nombres de las partes de que se compuso y en las que se resolverá. Porque verdaderamente nada contribuye tanto á la grandeza de ánimo como el saber examinar con método y exactitud cadauna de las cosas que suelen acontecernos y poder escudriñar siempre las mismas en tal conformidad, que venga en conocimiento de qué sirve tal cosa, qué estimación merece comparada con el universo y qué aprecio comparada con el hombre, siendo éste, como es, un ciudadano de aquella suprema ciudad, de la cual estas ciudades de acá vienen á ser otras tantas casas y familias; de qué condición es, de qué principios se compuso; por cuánto tiempo deberá naturalmente durar este objeto que ahora me configura la imaginación; de qué virtud convendrá echar mano para podérmelas haber con él; por ejemplo, si de mansedumbre, de fortaleza, de verdad, de confianza, de candor, de frugalidad ó de otras semejantes.

Conviene, por lo mismo, decir en cada acontecimiento particular: esto en verdad me viene de la mano de Dios; eso otro sucede en fuerza de la coligación de las cosas y del hilo fatal de las Parcas, por esta complicación de sucesos y por el acaso de la fortuna; aquello nace de parte de aquel *que es* hombre de mi misma patria, de mi mismo linaje y mi amigo, pero que al mismo tiempo ignora lo que le corresponde según los derechos de la naturaleza, los cuales sé yo muy bien; por esto me portaré con él con benevolencia y con justicia, conforme lo pide y exige la ley natural de la sociedad, si bien en estas cosas comunes de la vida no perderé de vista que debo tratarle correspondientemente á su mérito.

XII. Si tú, siguiendo la recta razón, haces lo que tienes entre manos, con estudio, con empeño y buena voluntad, sin poner la mira en ninguna otra conveniencia ni diversión; antes bien conservas tu espíritu por entonces tan puro como si ya lo hubieses de restituir *á quien te lo ha dado*; si, *vuelvo á decir*, llevas adelante tu obra, no buscando otro bien ni huyendo de otro mal, sino dándote por satisfecho con hacer el presente trabajo conforme á la naturaleza y con hablar con suma entereza lo que hubieres de decir, vivirás feliz y dichoso, además de que no hay persona alguna que pueda impedírtelo.

XIII. Al modo que los cirujanos tienen siempre á la mano los instrumentos de su profesión para las curas repentinas, así deberás tú tener prontos tus principios, ya para entender las cosas divinas y humanas, ya para hacerlo todo, aun lo mínimo, en tal conformidad, como quien tiene presente la mutua relación que unas y otras cosas tienen entre sí, por lo que ningún oficio podrás hacer debidamente para con los hombres sin el tal respecto á las cosas divinas.

XIV. No te extravíes más, supuesto que no has de tener tiempo para acabar de leer tus comentarios, ni las proezas de los antiguos romanos y griegos, ni los apuntamientos *que entresacas* de los libros y reservas para el tiempo de tu vejez. Date, pues, prisa en llegar al fin, y, dejadas las vanas esperanzas, si tienes cuenta contigo mismo, procura mirar por tu bien.

XV. Porque esto aun pueden hacerlo los que no saben cuántos significados tienen los verbos de robar, sembrar, comprar, de ver lo que se debe hacer, lo cual no se ve con los ojos corporales, sino con otra cierta vista interior.

XVI. Tenemos cuerpo, alma y espíritu: del cuerpo son los sentidos, del alma los apetitos, del espíritu los principios. Ello es así, que el formar la fantasía las ideas de los objetos es cosa común á los brutos; el ser impetuosamente agitado, como lo es un autómata, conviene también á las fieras, á los hombres afeminados, á un Falaris y un Nerón; á aquellos que no creen en los dioses; á los enemigos y traidores á su patria; á aquellos, finalmente, que de nada tienen empacho, después que cerraron la puerta. Ahora, pues, si todas las otras cosas son comunes á estos de quienes acabamos de hablar, resta que sea propio del hombre virtuoso tener á su espíritu por guía en aquellas cosas que le parecieren ser de su obligación y abrazâr con amor las disposiciones que los hados le hubieren decretado. El no manchar su espíritu, que á manera de un numen divino lo tiene consagrado en su pecho, ni perturbarlo con un tropel de imaginaciones; antes bien conservarle plácido y propicio, obedeciéndole con el mayor respeto y siguiéndole como á un dios; por fin, el que no diga cosa que sea contra la verdad, ni ejecute acción alguna contraria á los derechos de la justicia. Y si uno no fuere del agrado y satisfacción de los hombres porque siga este género de vida sencilla, modesta y plácida, no por eso deberá enojarse contra nadie, ni desviarse de aquel camino, que conduce y lleva al término de la vida, al cual es necesario que uno llegue puro y tranquilo, desembarazado y sin la menor repugnancia con la propia suerte que le cupiere.

LIBRO CUARTO

I. El espíritu, que en el hombre domina cuando va bien concertado con la naturaleza, se halla en tal estado respecto á los acontecimientos, que siempre puede aplicarse con facilidad á lo que en el lance se le permite y propone como practicable; porque no se ata ni prefiere á materia alguna en particular, sino que de suyo se propone lo mejor, aunque siempre con la debida excepción *si se pudiere;* y así, cualquier estorbo que le sobreviniere, hace de él y lo mira como materia y ejercicio de virtud. No de otra manera que cuando un vehemente fuego se apodera de la materia que encuentra ó le arrojan, capaz de apagar otra pequeña luz, al instante se la convierte en sí mismo y resuelve, y con esto mismo se propaga y crece.

II. Ninguna obra se ha de ejecutar en vano, ni de otro modo que con una exacta atención y conformidad con las reglas del arte.

III. Muchos, para su retiro, buscan las casas de campo, las orillas del mar, los montes; cosas que tú mismo solías desear con anhelo; pero todo esto es una vulgaridad, teniendo uno en su mano el recogerse en su interior y retirarse dentro de sí en la hora que quisiere; porque en ninguna parte tiene el hombre un retiro más quieto ni más desocupado que dentro de su mismo espíritu, especialmente aquel que dentro de sí tiene tal provisión de documentos, que al punto, dándoles una ojeada, se halla en suma tranquilidad: la que yo ahora llamo tranquilidad no es otra cosa que un ánimo bien dispuesto y ordenado. Date, pues, de continuo á este retiro y rehazte de nuevo *en él.* Tendrás para esto ciertos recuerdos breves *como primeros principios* ó elementos, los cuales, prontamente reducidos á la memoria, serán eficaces para borrar y quitarte toda pesadumbre y para restituirte libre de enfado á aquellas funciones á que hubieres de volver. Porque ¿qué cosa es la que no puedes sufrir con paciencia? ¿Es la ruindad de los hombres? Sin embargo, haciendo tú sobre estas máximas la reflexión de que los hombres nacieron para ayudarse unos á otros, y que de justicia deben sufrirse mutuamente, y que pecan forzados *y contra su intento;* haciendo también memoria cuántos son los que hasta aquí, dados á la enemistad, al odio, á las sospechas, á las pendencias y contiendas, al cabo murieron y fueron reducidos á cenizas, *créeme,* podrás ya con estas reflexiones dejar de enojarte contra nadie. Pero ¿quizá llevas pesadamente las disposiciones y sucesos del universo? *Mira: dejarás de disgustarte* renovando en tu memoria aquel dilema: ó la Providencia, ó los átomos *lo llevan así;* ó *teniendo presentes aquellas razones,* con las cuales se demuestra que el mundo es como una ciudad ó estado, *cuyo bien público debes anteponer al tuyo propio*. Pero ¿acaso te dan pena estas cosas corpóreas y sensibles de acá? *Sin embargo, dejarás de afligirte* reflexionando que la mente, si una vez se recoge dentro de sí, y conoce su propia virtud, no se mezcla ni toma partido en las conmociones leves ni ásperas que en el cuerpo siente, y recapacitando también todo cuanto hayas oído y aprobado acerca de la molestia y del placer. Pero ¿por ventura te arrastra la ambición *y deseo de aplauso? No obstante, dejarás de andar solícito en este punto* echando los ojos hacia la prontitud con que viene el olvido de todas las cosas; hacia aquel caos de la eternidad por una y otra parte interminable; hacia la vanidad del aplauso ruidoso; hacia la inconstancia y falta de juicio en aquellos que al parecer nos favorecen con su aplauso, y, finalmente, hacia la estrechez del lugar en que la fama se encierra. Porque además de que toda la tierra es un punto, *dime:* ¿cuán reducido es aquel rinconcito que en ella se habita? y en ésta, ¿cuántos son y cuáles al cabo los que te han de alabar? Réstate, pues, el que te acuerdes de retirarte dentro de aquella soledad, *en donde mora tu mismo espíritu*, y sobre todo que no te distraigas, ni tomes sobrado empeño por cosa alguna; antes bien muéstrate superior á todas ellas, y míralas como varón *fuerte*, como hombre *grave*, como *buen* ciudadano, como quien vive para morir. Pero con especialidad, entre las otras máximas de que muy á menudo sueles échar mano, debes tener á punto estas dos: la una, que las mismas cosas no llegando al alma, sino quedándose inmobles á la parte de afuera, todas tus inquietudes provienen sólo del modo que interiormente tienes de opinar; la otra, que todas estas cosas que vés, no bien habrás vuelto los ojos, cuando se habrán ya mudado, para no permanecer más. Y tú mismo puedes frecuentemente reflexionar cuántas mutaciones has alcanzado ya en ellas: el mundo es una continua mutación y una imaginación la vida.

IV. Si es verdad que todos los hombres tenemos un mismo principio de entender, también lo es que todos tenemos una misma razón, con la que somos racionales; y si esto es así, igualmente estamos dotados de una razón práctica de lo que se debe hacer ó no; si esto es cierto, á todos nos comprende una misma ley; y si nos comprende, todos somos conciudadanos; y si lo somos, todos participamos de la policía común; y si todo es verdad, viene á ser el mundo un estado universal. Pues si no, que diga alguno de qué otro estado común podrá participar todo el linaje humano. Sin duda que de aquí, de esta común ciudad *del universo* nos viene á nosotros la facultad de entender y de usar de razón, como también de poder obrar según ley; y si no, ¿de dónde nos proviene? Porque así como la parte térrea que tengo en mí, la tengo tomada del elemento de la tierra; la húmeda tomada de algún otro elemento; la aérea y la cálida é ígnea tomada de su origen particular (supuesto que nada viene de la nada, al modo que nada va á parar á la nada), así también de alguna parte nos viene el principio de entender.

V. La muerte y la generación, cosas entre sí muy parecidas, son un misterio de la naturaleza; *ésta* es una condensación de aquellos mismos elementos, de que *aquélla* es una disolución; en suma, nada hay en aquéllas de que deba uno avergonzarse, no hallándose en ellas cosa que no sea conforme á un viviente animado é inteligente, ni que repugne á su estado y condición.

VI. Siendo tales los hombres, tales deben ser natural y necesariamente sus acciones; y quien no quisiere esto, querrá que no tenga leche la higuera. Absolutamente será bueno que te acuerdes que dentro de brevísimo tiempo, tanto tú como esotro tu *enemigo*, moriréis, y que poco después ni aun de vuestro nombre quedará memoria.

VII. Echa de ti esa mal entendida opinión, y con eso no se incurre en la queja importuna *de decir:* he sido infamado; precávete de esto también, y así se evita todo daño.

VIII. Todo aquello que no hace que un hombre sea en sí peor *de lo que antes era*, no empeora su vida, ni le acarrea mengua alguna ni exterior ni interiormente.

IX. Por su propio interés y provecho se vió obligada la naturaleza á producir esto *que vemos*.

X. *Advierte bien* que todo cuanto sucede hay razón para que acontezca; porque si tú lo pensares atentamente, hallarás, no digo sólo que todo viene en fuerza del orden *y enlace de los hados*, pero aun también que todo se hace con justicia y razón, y como dispensado por una mano que reparte á cada cual según su merecido. Lleva, pues, adelante esta observación como has empezado, y todo cuanto hicieres hazlo como corresponde que lo haga uno que sea hombre de bien, tomando con toda propiedad esta palabra; y esto obsérvalo bien en todas tus acciones.

XI. No mires las injurias por el lado que las ve quien te injuria, ó por el lado que éste pretende que las veas, sino míralas como son.

XII. Conviene siempre tener muy prontas estas dos *reflexiones*: la una, para hacer sólo aquello que en pro del pueblo te dictare la razón, cuyo es mandar y dar la ley; la otra, para mudar de resolución siempre que se presentare quien te corrija y apee de alguna opinión; pero bien entendido que esta mutación de sentencia sólo deba estribar siempre en alguna razón probable de que sea justo, ó que se haga por la utilidad pública, ó por otro bien semejante, y nunca por tu capricho ó vana ambición.

XIII. *Dime*: ¿te hallas dotado de razón? Me hallo, *responderás sin duda*; ¿luego por qué no usas de ella? Pues haciendo ella su deber, ¿qué otra cosa pretendes y quieres?

XIV. Subsistes ahora como parte *del universo; vendrá tiempo en que* desaparecerás resuelto en el principio que te engendró; ó, para decirlo con más propiedad, por medio de una mutación, serás resumido en aquella mente que es el principio y la *fuente* de donde saliste.

XV. *Vemos* sobre un mismo altar *que arden* muchos grumos de incienso, de los cuales los unos caen antes y los otros después; *pero cayendo todos al cabo*, nada importa el orden con que caen.

XVI. No bien habrán pasado diez días, cuando ya te reputarán por un dios aquellos mismos que ahora te tienen por una bestia, si *de veras* te dieres á seguir las leyes de la razón.

XVII. Tú no cuentes como quien ha de vivir millares de años; tienes ya la muerte encima de ti; mientras tienes vida, mientras te lo permite la ocasión, procura hacerte bueno.

XVIII. ¡Cuánto tiempo libre y desocupado logra el que no se cuida de lo que dijo, hizo ó pensó su vecino; sino que sólo tiene cuenta con lo que él mismo hace, para que todo esto sea una cosa justa y santa! O como dice Agathón: ¡para que no seas de negras costumbres! Conviene, pues, que lleves adelante tu camino, sin mirar acá ni allá, y sin desviarte á parte alguna.

XIX. El que anda alucinado con la pasión de dejar grande nombre y memoria de sí, no se imagina que cada uno de los que se acordaren de él en breve morirá y él también; y después, por su orden, cualquiera que les sucediere, hasta que se borre toda su memoria, continuada por la sucesión de los que le hubieren admirado y después también hubieren fenecido. Pero demos que los que de ti se acordaren hayan de ser inmortales, y que lo haya de ser también tu memoria; *dime:* ¿qué parte, pues, tendrás tú en ella? No digo después que hubieres muerto; pero aun ahora viviendo, ¿de qué te sirven las alabanzas, si en éstas no tienes la mira á algún otro bien y provecho? Lo que sucede es que deja uno de cumplir con lo que le encargó la naturaleza, en tanto está colgado de lo que otros dirán de él.

XX. Todo lo honesto, de cualquier modo que lo sea, es por sí mismo honesto y en sí encierra *su bondad,* sin que en ello tenga parte la alabanza; y así, el que sea alabado, no lo hace mejor ni peor. Esto mismo digo de los que vulgarmente se llaman bienes; por ejemplo, de los efectos por naturaleza materiales y de las obras del arte. Lo que fuere, pues, realmente bueno, de nada más tendrá necesidad; como no la tiene la ley, la verdad, la benevolencia y la modestia. *Pregunto:* ¿cuál de estas últimas cosas es buena por ser alabada, ó por ser vituperada se vicia? ¿Es de peor condición la esmeralda porque no la alaben? ¿Se hace por eso menos apreciable el oro, el marfil, la púrpura, el puñal y la florecilla?

XXI. *A esta pregunta:* si las almas duran por largo tiempo, ¿cómo desde una eternidad caben ellas en el aire?, *puede satisfacerse con otra:* ¿Cómo, después de una eternidad, los cuerpos sepultados en la tierra pueden caber en ella? *La razón de uno y otro es* porque como aquí la mutación y disolución de los cuerpos, que después de alguna breve duración sucede, hace lugar á otros, del mismo modo allí, las almas transportadas á la región del aire, después que por algún tiempo hubieren permanecido, se mudan, se disipan, se vuelven á inflamar, recibidas otra vez dentro de aquella mente, *principio y fuente* originaria del universo; y de esta manera las primeras hacen lugar á las que van viniendo después.

Esto, *digo,* podrá uno responder en la hipótesis de que las almas por largo tiempo permanezcan fuera del cuerpo. Pues por lo que toca á los cuerpos, se debe considerar, no sólo la muchedumbre de aquellos que son en esta forma sepultados, sino también la de aquellos animales que son diariamente comidos tanto por nosotros como por otros vivientes. Y á la verdad, ¿cuán grande es el número que de ellos se consume, y que en cierto modo se sepulta en las entrañas de los que con éstos se alimentan y viven? Y, sin embargo, *vemos* que hay lugar para todos ellos; parte, porque se convierten en sangre; parte, porque se mudan, adquiriendo la forma de aire ó de fuego. Mas esta doctrina, ¿qué fundamento tiene de verdad? *Estriba en aquella común* división *que de todo se hace* en causa material y eficiente.

XXII. *Mira* no te arrastren las pasiones: sin embargo de cualquier impetu que sintieres, da á cada cosa lo suyo; y no obstante la viveza de la fantasía, conserva un juicio recto.

XXIII. *Dígote con toda verdad,* oh naturaleza del mundo, que todo lo que á ti te acomoda, me avengo yo bien con ello; nada es para mí temprano, nada tardío, si á ti te parece sazonado; es para mí una fruta regalada todo aquello que tus estaciones llevan, oh naturaleza; de ti *viene* todo, en ti *subsiste* todo, en ti *va á resolverse* todo. Si el otro dijo, *hablando con Atenas:* ¡Oh querida ciudad de Cécrope!, no dirás tú, *hablando con el mundo:* ¡Oh querida ciudad de Jove!

XXIV. No te cargues con muchos negocios, dice Demócrito, si quieres vivir quieto; *pero mira* si fuera mejor el haberlo dicho así: carga con los negocios necesarios y con cuantas ocupaciones la razón dicta á un viviente por su naturaleza política y sociable, *y procura cumplir con ellas* como la misma razón lo sugiere; porque el hacerlo así, no sólo acarrea aquella quietud que nace del obrar rectamente, sino también aquel sosiego que lleva consigo el no tener mucho que hacer. Porque si uno supiese cercenar las más de aquellas cosas que los hombres decimos y hacemos no siendo necesarias, se hallaría más desocupado y con menor perturbación; de aquí se colige que es muy del caso reflexionar en cada una de las cosas si alguna de ellas será ó no una de las necesarias. Además de que no sólo conviene cercenar las acciones no necesarias, pero aun los pensamientos ociosos; porque de esa suerte no serán superfluas las acciones que sobrevinieren.

XXV. Examina cómo te va en la profesión que haces de hombre sabio y virtuoso; de hombre, *digo*, que se propone el conformarse con las disposiciones de la Providencia y el contentarse con un modo de obrar justo y con una disposición de ánimo lleno de bondad.

XXVI. ¿Has entendido esto? Atiende, pues, á estotro: No te perturbes; dilata *tu corazón: ¿ves* que peca alguno? sobre su cuenta peca ó *para sí hace:* ¿te ha sucedido algo de bueno? desde el principio los hados te tenían dispuesto y ordenado todo lo que te acontece. En suma: siendo la vida breve, conviene aprovechar el tiempo presente empleándolo con discreción y justicia, y reduciéndote á ser moderado en las recreaciones.

XXVII. *Es preciso* que el mundo, ó sea un sistema bien ordenado, ó un montón de cosas mezcladas, las cuales, por más perturbadas y revueltas que estén, con todo no perjudican á la formación del mundo. ¿Será posible que en ti subsista un buen orden, y que en este todo del universo reine el desorden? Especialmente hallándose en él las cosas así repartidas en sus respectivos lugares y esparcidas de tal modo, *que se dan la mano* y conspiran á la simpatía *y formación de un todo.*

XXVIII. Las negras y *depravadas* costumbres consisten en ser el hombre afeminado, testarudo, fiero y bestial; pueril, pérfido y tirano.

XXIX. Si es peregrino en el mundo quien ignora lo que hay en él, no menos será peregrino quien no sabe lo que en él pasa; será fugitivo el que huye de seguir y acomodarse á la razón política; *pasará* por ciego el que tiene cerrados los ojos de la razón; por mendigo el que necesita de otro y que en sí mismo no tiene todo cuanto es útil para la vida; *reputaráse como* un apostema y corrupción del mundo el que se separa y retira de lo que prescribe la razón de esta naturaleza común, disgustándose con los sucesos acaecidos, siendo así que los produce aquella misma causa que te produjo á ti. *Por fin es* como miembro cortado *de este cuerpo* y ciudad *común* el que, *por decirlo así,* separa su alma de la de los otros racionales, siendo una misma en todos ellos.

XXX. Hace este profesión de filósofo sin llevar túnica; aquel sin tener libros, y el otro igualmente estando medio desnudo; no tengo, dice uno, pan que comer, y, sin embargo, insisto en la filosofía; yo, dice otro, no tengo el salario correspondiente al ejercicio de mi enseñanza, y con todo me doy á la filosofía constantemente.

XXXI. Estima y vive satisfecho con el arte que aprendiste; y lo que te restare de vida, pásalo de manera que, poniendo todas tus cosas en las manos de los dioses, á ninguno de los hombres tiranices y á ti nadie te esclavice.

XXXII. Ponte á pensar en los tiempos pasados; por ejemplo, en los de Vespasiano; verás que sucedía lo propio *que hoy día:* se casaban los hombres, educaban la prole, enfermaban y morían; guerreaban, hacían sus fiestas, ejercían la mercancía y labraban; adulaban, estaban llenos de presunción y arrogancia; vivían con sospechas y armándose asechanzas; había quien deseaba á otros la muerte; quien murmuraba del estado de las cosas presentes; quien andaba enamorado; quien atesoraba; quien deseaba el consulado y el imperio. Acabóseles, pues, así la vida, sin que ahora quede rastro alguno de ella. Pasa en segundo lugar á los tiempos de Trajano: hallarás de nuevo que todo era lo mismo; murieron también los que entonces vivían. De la misma suerte reflexiona sobre las otras épocas de los tiempos de todas las naciones; y repara bien cuántos, después de haberse afanado, muy en breve murieron y se resolvieron en sus elementos.

Pero muy especialmente convendrá que hagas memoria de aquellos á los que tú mismo conociste ocupados y distraídos en estas cosas vanas, omitiendo el hacer lo correspondiente á su propio estado, y el entregarse con constancia al cumplimiento de su obligación, con sólo lo cual debían contentarse. Es necesario, del mismo modo, que te acuerdes que la aplicación y esmero en cada acción en particular debe corresponder al mérito y proporción de la misma; porque así no llegarás á fastidiarte, si no te has entretenido en cosas de poca consideración.

XXXIII. Las voces antiguamente trilladas son ahora tan oscuras, que necesitan de glosa y explicación; asimismo, pues, los nombres de los héroes en otro tiempo muy celebrados, en cierto modo al presente ya no se entienden sin interpretación; *tales son, por ejemplo,* Camilo, Cesón, Voleso, Leonnato; *tales serán* dentro de poco tiempo Escipión y Catón; *tal será* después Augusto, y en lo sucesivo Adriano y Antonino. Porque todas las cosas son caducas, y presto vienen á hacerse fabulosas; y es que un pronto y total olvido las cubre y sepulta. Y esto digo aun de aquellos que en cierto modo resplandecieron con admiración *de los hombres;* porque los otros, al punto que espiraron, quedaron desconocidos y no se volvió á hablar más de ellos. Pero ¿qué viene á ser en sustancia una fama inmortal? Absolutamente una pura vanidad. ¿Qué cosa, pues, es aquello á que conviene dedicarse con empeño? Una sola cosa, *y es* que el pensar sea justo, las acciones llenas de bondad respecto al bien público, las palabras incapaces de engañar á nadie, la disposición de ánimo conforme y resignada, abrazando todo lo que acaeciere, como que es necesario, como que es cosa sabida, como que proviene de aquella fuente y principio universal.

XXXIV. Entrégate de todo tu corazón al hado, estando pronto á que te destine á los fines que quisiere.

XXXV. Todo se reduce á la breve duración de un día: el que alaba y el que es alabado.

XXXVI. Considera de continuo que todas las cosas se hacen por mutación, y acostúmbrate á pensar que la naturaleza del universo nada apetece tanto como el mudar las cosas existentes y hacer otras nuevas semejantes *á las primeras*; porque todo ente es en cierto modo la semilla de otro que de él ha de renacer. Pero tú te imaginas que solas las semillas son las que se echan en la tierra.

XXXVII. Ya dentro de poco habrás de morir. ¡Y que aun no acabes de ser sincero é imperturbable, libre del error y sospecha de que lo que está fuera de ti pueda dañarte, benévolo para con todos y persuadido de que no hay otro saber que el bien obrar!

XXXVIII. Mira con atención el corazón humano, sus cuidados y aficiones; de qué cosas huyen *los hombres* y cuáles desean alcanzar.

XXXIX. Tu mal no proviene de otro espíritu que esté fuera de ti, ni consiste en alguna mutación y alteración de ese tu cuerpo que te rodea. ¿De dónde pende, pues? De aquella fuerza aprensiva de los males que en ti mismo tienes;

haz, pues, que ella no se imagine *ni tenga por mal lo que no es*, y todas las cosas te irán bien; y así, por más que este tu cuerpezuelo, *el vecino* más allegado á tu alma, sea sajado, quemado, corrompido, podrido, con todo, aquella tu parte cuyo es el juzgar sobre estas cosas, persevere tranquila; esto es, persuádase que aquello por sí no es bueno ni malo, que sin diferencia puede sobrevenir á hombres buenos y malos; pues lo que igualmente acontece al que vive conforme y al que vive contra la naturaleza, esto sin duda no la es á ella conforme ni contrario.

XL. Conviene tener siempre en la mente que el mundo es como un viviente animado que tiene una materia y un alma; y pensar cómo á su noticia, que en él es un sentido, llega todo; y cómo con un ímpetu ó acción común haga todas las cosas, y concurra con las demás causas particulares á todos los efectos que se producen; y, por último, considerar cuál es la dependencia y enlace de todas las cosas entre sí.

XLI. Tú, alma mía, según decía Epicteto, no haces más que llevar sobre ti un muerto.

XLII. Ningún mal viene á las cosas, porque se hallen en actual mutación, como tampoco las viene algún bien porque después de mudadas subsistan en su nuevo estado.

XLIII. El tiempo es como un río, y aun como un rápido torrente, que arrastra cuanto hay en el mundo; porque lo mismo es dejarse ver cada una de las cosas, que desaparecer precipitadamente; y sucederla otra, y también ser arrebatada.

XLIV. Todo lo que en el mundo sucede es una cosa tan usada y trivial, como las rosas en la primavera y las frutas en el verano: tal es la enfermedad, la muerte, la calumnia, las traiciones y cuantas cosas alegran ó entristecen á los fatuos é ignorantes.

XLV. *En la naturaleza,* los sucesos posteriores siempre van consiguientes á los anteriores con correspondencia y buen orden; no porque su curso venga á ser como una enumeración de cosas sueltas y desordenadas, las cuales sola la fuerza haga que por necesidad concurran; antes bien es una serie encadenada por justo motivo y razón fundada. De suerte que, como los entes están en el mundo ordenados con la debida proporción y armonía, del mismo modo los efectos no demuestran una mera sucesión *de los unos á los otros,* sino una admirable conveniencia entre sí mismos.

XLVI. Acuérdate de tener siempre presente esta sentencia de Heráclito: que la muerte de la tierra es convertirse en agua, la del agua es transmutarse en aire, la del aire hacerse fuego y al contrario. Es necesario también acordarte de aquel que se olvidó del camino por donde debía ir; y cómo los más en nada siguen aquella razón con quien especialmente conversan con más frecuencia, y con la que la naturaleza todo lo rige y gobierna, á los cuales les parecen extrañas y peregrinas aquellas mismas cosas que cada día ocurren. También conviene conservar en la memoria que no es conducente el decir ni hacer nuestras cosas como quien sueña; porque, á la verdad, entonces, *cuando soñamos*, nos parece que *mucho* decimos y hacemos; tampoco te olvides cuán acertado será no imitar la conducta de aquellos que como muchachos siguen á ciegas las pisadas de sus padres y mayores, gobernados por una mera tradición.

XLVII. Así como tú, si alguno de los dioses te hubiese dicho que mañana, ó, á lo más, después de mañana, habías de morir, tendrías en nada el morir después de mañana, antes que mañana mismo, sino es que fueses en extremo vil y cobarde; porque ¿qué viene á ser *el espacio de un día* que había de mediar? Del mismo modo piensa que no debe reputarse por cosa grande el que mueras al cabo de muchísimos años ó mañana mismo.

XLVIII. Es muy del caso pensar continuamente cuántos médicos murieron después de haber encogido muchas veces las cejas sobre los enfermos, *en señal de que los desahuciaban*; cuántos matemáticos, después que predijeron la muerte á otros, pareciéndoles hacer en ello una cosa grande, *murieron también*; cuántos filósofos, habiendo dicho mil divinidades acerca de la muerte é inmortalidad, *no obstante perecieron*; cuántos bravos y excelentes soldados, habiendo dado la muerte á otros muchos, *también tuvieron el mismo fin*; cuántos tiranos, abusando de su poder sobre las vidas ajenas con gran fiereza y crueldad, como si ellos fuesen inmortales, *del mismo modo fallecieron*. Y cuántas ciudades, por decirlo así, murieron: Helice, Pompeya, Herculano y otras innumerables. Sigue también considerando sucesivamente á cuantos tú mismo has visto, y observa que uno de ellos, después de haber sepultado á otro, se murió y fué sepultado por un tercero, y éste por otro, acaeciendo todo en breve tiempo. Por tanto, es conducente que siempre tengas á la vista cómo todas las cosas humanas vienen á ser cosa de un día, y no más, cosas absolutamente viles; siendo así que los que ayer eran un poco de humor asqueroso, mañana serán un cadáver embalsamado ó reducido á cenizas. *Procura*, pues, pasar este punto indivisible de tiempo, conformándote con la naturaleza y muriendo consolado; al modo que cuando la aceituna, estando ya madura, de suyo suele caerse como si bendijera á la naturaleza que la crió y diera gracias al árbol que la produjo.

XLIX. *Has* por ser semejante á un promontorio contra quien las olas de la mar se estrellan de continuo, y él se mantiene inmóvil, mientras que ellas, hinchadas, caen y se adormecen alrededor. ¡Infeliz de mí! *dice uno*, porque tal cosa me aconteció; en verdad no tiene razón; *diría mejor:* dichoso yo que, en medio de lo que me sucedió, quedé sin recibir pena alguna, ni me quebranta lo presente, ni me espanta lo venidero; porque una semejante desgracia á todos pudo acontecer; pero no todos sin pena la hubieran podido llevar. ¿Por qué, pues, la adversidad ha de ser antes una desgracia, que la paciencia en tolerarla una ventura? Pero ¿acaso tú absolutamente llamas desgracia del hombre aquello que no es un desvío del intento de la naturaleza del hombre? ó ¿por ventura te parece que aquello es un desvío del intento de la naturaleza del hombre, lo que no es contrario á la voluntad de su misma naturaleza? ¿Y cuál es esa su voluntad? Ya lo sabes bien, *ni es menester decirlo aquí.* Lo que yo pregunto es si este acaso puede impedirte el que seas un hombre justo, magnánimo, templado, prudente, cuerdo, mirado é incapaz de engañar ni ser engañado, modesto, libre de respetos vanos; y, por abreviar, el que tú no poseas las otras virtudes, con las cuales, cuando la naturaleza del hombre las tiene en sí, queda ella del todo satisfecha y bien galardonada. Acuérdate, en adelante, de que en todo acontecimiento capaz de contristarte, puedes echar mano de este aviso: la adversidad no es una desgracia; antes bien, al contrario, el sufrirla con grandeza de ánimo es una dicha.

L. Ciertamente es un remedio vulgar, pero, sin embargo, muy eficaz para el desprecio de la muerte, la frecuente memoria de aquellos que por un dilatado tiempo vivieron con mucho apego á su vida. ¿Qué ventaja lograron éstos sobre aquellos otros que murieron antes de sazón? Yacen sin duda tendidos en algún sepulcro Ceciliano, Fabio, Juliano, Lépido y si algún otro hubo semejante á ellos; los cuales, después que habían llevado muchos al sepulcro, también fueron llevados allá. Verdaderamente fué cortísima la diferencia de tiempo en la vida; y ésta ¿con cuántas molestias, con qué hombres y en cuál cuerpezuelo se toleró? No tengas, pues, eso por gran negocio. Porque mira bien la inmensidad de tiempo que ya pasó y la infinidad que aún queda por venir; y puesto en medio de este abismo, *dime*, ¿qué diferencia hallas en que uno muera al día tercero, ó al tercer siglo después que nació?

LI. Camina siempre por el atajo, y el verdadero atajo es que vivas arreglado á la naturaleza; de manera que hagas y digas todas las cosas con la entereza posible; porque un tal propósito te librará de trabajos y campañas, de toda disimulación y ostentación vana.

LIBRO QUINTO

I. Por la mañana, cuando sintieres pereza al levantarte, ten luégo á mano esta reflexión: yo me levanto para cumplir con los oficios propios de un hombre; ¡y que aun sea yo moroso, si voy á ejecutar aquello para que nací y para lo que vine al mundo! Ó ¿por ventura he sido yo formado para que, arrellanado en cama y envuelto entre cobertores, me esté aquí calentando y sollozando? Pero *me dirás* que esto es un placer. Pues que, ¿has nacido tú para deleitarte y no ocuparte ni trabajar nada? ¿No ves cómo esos arbolitos, esos pajarillos, las hormigas, las arañas, las abejas, cada cual por su parte, se esmeran en perfeccionar su labor? ¿Y tú no querrás hacer los oficios propios de un hombre? ¿Ni te darás prisa en poner por obra lo que es conforme á tu naturaleza?

Me responderás: así es; pero también es necesario descansar. Conviene, sin duda; y la naturaleza prescribió en esto su regla, como la ha prescrito en el comer y beber; y tú, con todo, en esto último pasas más allá de lo que es regular y suficiente; y en lo que toca á tu deber, no lo haces así, sino que te quedas mucho más atrás de lo que pueden tus fuerzas. *La razón es* porque de veras no te amas á ti mismo; que si en realidad te amases, amarías también tu naturaleza y abrazarías sus dictámenes, visto que otros, teniendo pasión por sus artes, se consumen en el ejercicio de sus obras y descuidan de su aliño y aun de su sustento; mas tú cuentas menos con tu naturaleza que un torneador con el arte de tornear, que un cómico con el teatro, que un avariento con la plata, que un ambicioso con la gloria. Y éstos, una vez poseídos de semejante pasión, ni el dormir, ni el comer estiman más que adelantar aquellas cosas á que se inclinan y de que se dejan arrastrar. ¿Y á ti los oficios debidos á la sociedad te han de parecer muy despreciables y dignos de menor atención?

II. ¡Cuán fácil cosa es el que uno sacuda y borre de su fantasía toda representación turbulenta é impetuosa, y que al punto se quede en suma paz y toda tranquilidad!

III. Juzga por decoroso á tu persona el decir y hacer todo aquello que no desdice á la naturaleza, ni te haga desmayar la vituperación que de algunos hombres pueda originársete; antes, por el contrario, si la cosa dicha ó hecha fuese honesta, no te desdeñes de ella; porque aquellos tienen su propio espíritu *y modo de pensar*, y se dejan llevar de su propio ímpetu y *pasión;* mas tú no quieras atender á ellos, sino acaba el camino emprendido con rectitud, siguiendo la dirección de tu propia naturaleza y de la común del universo, puesto que ambas guían por un mismo camino.

IV. Voy siguiendo las huellas de la naturaleza sin parar, hasta tanto que descanse en la muerte, volviendo mi espíritu á aquel mismo principio por el cual vivo cada día, y convirtiéndome en aquel *elemento* del cual mi padre recogió la materia *con que me engendró*, mi madre la sangre *con que me nutrió*, mi ama la leche *con que me alimentó; en aquel elemento, digo,* del cual por tantos años diariamente recibí la comida y bebida, sufriendo que yo lo pise y abuse de él para tantos usos de la vida.

V. ¿No estás dotado de un ingenio tan agudo que excite la admiración? Sea así; pero otras muchas cosas hay respecto de las cuales no puedes alegar la disculpa de que por naturaleza no eres apto para ellas. Pon, pues, por obra aquellas cosas que totalmente penden de tu arbitrio, como es la integridad y gravedad; el ser tolerado en el trabajo y abstenido en el deleite, conforme con tu suerte, contento con poco, manso, independiente, enemigo del lujo, serio y espléndido; porque no ves que, pudiendo tú hacer muchas cosas en las cuales no tiene lugar ese tu pretexto de falta de ingenio y habilidad natural con todo, te has quedado muy atrás por tu gusto. Pues qué, ¿acaso por la cortedad natural de tu talento te hallas en la necesidad de murmurar, de ser miserable, de adular, de echar la culpa de todo á la fragilidad de tu cuerpo, de ser muy condescendiente, de ser jactancioso é insolente y de tener el alma siempre agitada de tantas pasiones? ¡Por Dios, que no! Antes bien, podías tiempo há verte libre de tales vicios. Si tú eres notado de ser un poco tardo y no tan capaz, lo que sólo debías hacer era corregir con diligencia ese tu vicio, y no tenerlo en poco ni estar bien hallado con esa falta de talento.

VI. Suele hallarse alguno que, cuando ha

hecho algún beneficio á otro, no sosiega hasta echarle en cara la tal merced y publicarla; otro hay que, no siendo tan temerario é imprudente, á sus solas reputa por su deudor al favorecido y no se olvida del bien que le ha dispensado; no falta otro que en cierto modo no sabe ni se acuerda del favor que hizo, sino que es muy semejante á la vid que produjo la uva, y dado ya una vez su fruto, no pretende otra cosa; al modo que el caballo habiendo hecho su carrera, el perro seguido su caza y la abeja trabajado la miel, así el hombre que hizo bien á otro no debe andar publicándolo, sino pensar solamente cómo podrá servirle otra vez, imitando en esto á la vid que á su tiempo vuelve á llevar la uva. Según eso, ¿conviene que yo sea uno de aquellos que en algún modo hacen bien sin mirar á quién? Sin duda. Pero *me dirás* que es necesario conocer lo que uno hace, porque el oficio propio de un hombre sociable, de suyo pide que se advierta que se obre conforme á las leyes de la sociedad; y ¡por Dios! que también debe pretender que su compañero en la sociedad lo llegue á conocer. Es mucha verdad lo que dices; pero si no te haces cargo de lo que poco há dije, vendrás por esto á ser uno de aquellos bienhechores jactanciosos de quienes hice mención en primer lugar; porque también esos se engañan con cierta apariencia de verdad. No obstante, si tú quisieses entender bien cuán interesante es la prevención insinuada, no tendrás que temer que por esto faltes en algo de lo que debes á la sociedad.

VII. La oración de los atenienses era en esta forma: «Envía, ¡oh amado Júpiter!, envía la lluvia »sobre la tierra de labor y los prados de los ate»nienses.» Y en verdad que, ó no se debe orar, ó con esta sencillez y franca ingenuidad se ha de hacer la oración.

VIII. Al modo que suele decirse que el dios Esculapio ordenó al tal enfermo que hiciere ejercicio á caballo, que tomase un baño de agua fría ó que fuese descalzo, así se ha de entender estotro, *cuando se dice:* que la naturaleza universal ordenó al tal la enfermedad, la mutilación ó alguna pérdida, ú otro trabajo de esta clase; porque allí la palabra *ordenó* quiere decir que Esculapio dejó dispuesto el tal remedio para el tal enfermo, como conducente á la sanidad; y aquí sólo significa que lo acaecido á cada uno se dispuso en cierto modo y se dirigió á lo mismo que era oportuno al hado; pues así debemos decir que estos respectivos sucesos no cuadran y vienen bien, como suelen explicarse los artífices que las piedras cuadradas ajustan y vienen perfectamente á las murallas ó pirámides, armando entre sí por su especial composición y estructura, supuesto que absolutamente es una la armonia y sistema de todas las cosas. Y á la manera que el mundo es un cierto cuerpo perfecto que se compone de todos los otros cuerpos particulares, así el hado viene á ser una cierta causa general que consta y se perfecciona con todas las otras causas singulares. Esto que digo lo entienden aun aquellos que son sumamente rudos é idiotas; porque dicen: esto lo llevaba el hado para ese tal. Según eso, la tal cosa la llevaba el hado para la tal persona, y para esta misma había sido ordenada con especial destino; y así debemos entender estas cosas *que miran al hado*, como aquellas *cuando se dice:* Esculapio se lo ordenó; pues aunque en estas *recetas* de Esculapio suele haber muchos tragos amargos, sin embargo, con la esperanza de sanar, los aceptamos gustosamente. Tal debes imaginarte la ejecución y fin de cuanto pareciere bien á la común naturaleza, cual es lo que pasa tocante á tu salud; *y con esta refl.-xión*, haz por abrazar todo lo que sucediere, por más áspero que te parezca, con la mira de que aquello conduce á la salud del mundo y también á la prosperidad y felicidad de Júpiter. Y sin duda que si esto no fuese adaptado al buen orden del universo, no lo hubiera Júpiter ordenado así; porque ni una sola de estas naturalezas vulgares lleva cosa alguna que no tenga relación y sea proporcionada *á aquel mundo entero* al cual gobierna la naturaleza universal. Por dos razones, pues, conviene contentarse con aquello que acaeciere: la una, porque esto para ti se hizo, para ti se ordenó y á tu medida, en cierto modo, se acomodó, disponiéndolo antes causas muy principales; la otra, porque esto contribuye á la prosperidad, á la perfección, *y, aun me atrevo á* jurar por el mismo Júpiter, á la permanencia de aquel mismo que todo lo gobierna; *y en verdad que este mundo,* en sí perfecto y entero, vendría á quedar manco y mutilado, si uno cortase y desconcertase, por poco que fuese, la conexión y contigüidad, tanto de sus partes cuanto de sus causas *particulares;* y, sin embargo, tú cuanto es de tu parte lo quisieras cortar y desunir, y aun en cierta manera lo haces, cuando te disgustas *con lo que en el mundo acaece.*

IX. Si no consigues siempre que cada una de tus acciones sea hecha conforme á las máximas rectas *de la filosofía,* no por eso debes cobrarla hastío, caer de ánimo ni impacientarte; antes bien, rechazado, vuelve á insistir, dándote por satisfecho con tal de que el mayor número de tus acciones sea conforme con la obligación de un hombre, y abrazando de veras la resolución que te mueve á insistir; no volviendo á la filosofía *y ejercicio de la virtud, como vuelve el niño* al pedagogo, sino como los que padecen mal de ojos *suelen volver á sus remedios,* al pincel y á *la clara* del huevo, ó como el otro recurre á la cataplasma y el otro al baño; porque haciéndolo así, nada echarás de menos, á fin de dejarte persuadir de la razón; antes con placer te adherirás á lo que ella te dictare. Ten asimismo presente que la filosofía quiere solamente aquellas cosas que tu naturaleza quiere. ¿Y tú querrás otra cosa que no sea conforme con la naturaleza? ¿Pues qué cosa puede darse más gustosa que esta? ¿No es verdad que por este cebo del gusto te engaña el deleite? Pero repara y mira con atención si te será más placentera la magnanimidad, la liberalidad, la ingenuidad, la igualdad de ánimo, la pureza y santidad *de costumbres*. ¿Y qué cosa podrás hallar más agradable que la prudencia, cuando pensares que tienes en ti una facultad adornada de ciencia é inteligencia, la cual nunca tropieza y que en todo obra con prosperidad y acierto?

X. Las cosas, á la verdad, de tal suerte están escondidas y ocultas, que á no pocos filósofos les parecieron que absolutamente eran incomprensibles; aun los mismos estoicos fueron de dictamen de que eran muy difíciles de comprender; y es que todo nuestro juicio y asenso está sujeto y expuesto á errar; porque ¿en dónde hallarás uno que pueda vanagloriarse de ser infalible é inmutable? Da un paso ya hacia los mismos objetos, y *hallarás* de cuán poca duración y qué viles son; pudiendo pasar al dominio de un joven obsceno, de un ladrón y de una ramera: adelántate un poco más, y *mira de cerca* las costumbres de aquellos con quienes vives, entre los cuales con dificultad podrá uno sufrir aun al más cortés y urbano, por no decir que apenas habrá uno que pueda tolerarse á sí mismo. Por lo que yo no veo qué cosa pueda darse que absolutamente sea digna de aprecio y atención en medio de tal oscucuridad y de tal basura; de tal flujo ya de la materia, ya del tiempo, ya del movimiento y de las cosas movidas; antes bien, *soy de opinión* que debe uno consolarse á sí mismo con esperar su natural ruina y disolución, y no llevar á mal el que ésta se dilate, sino que debe aquietarse con estas dos solas consideraciones: la una, que nada me sucederá que no sea conforme á la naturaleza del universo; la otra, que tengo yo en mi mano el no hacer cosa alguna contraria á mi Dios y á mi numen *ó genio*, puesto que nadie hay que pueda precisarme á ofender mi propia divinidad.

XI. En cada una de tus acciones particulares deberías preguntarte: ¿en qué empleo ahora mi alma? Y también examinarte *de este modo*: al presente, ¿qué cosa tengo en esta mi parte, que se llama la parte principal? ¿En qué estado tengo presentemente mi alma? ¿Acaso en el de niño, de un mancebo, ó de una mujercilla? ¿Por ventura en el de un tirano, de un jumento, ó de una fiera?

XII. Cuáles sean aquellas cosas que en el concepto del vulgo pasan por bienes, podrás colegirlo de esto que diré ahora: si uno llegase á formar en su mente la idea de los que realmente son bienes verdaderos, como la prudencia, la templanza, la justicia, la fortaleza, este tal no podría oir, habiendo hecho de antemano el debido concepto de estas virtudes, el que se les juntase cosa alguna que no se conformase con aquella idea del bien verdadero. Por el contrario, si uno hubiese primero formado la idea de los bienes, que el vulgo reputa por tales, este tal oiría con indiferencia y fácilmente aprobaría lo que dijo el cómico, como cosa bien aplicada. De este modo los más de los hombres se imaginan la diferencia *de bienes á bienes;* porque, á no ser así, el dicho del cómico no chocaría tanto ni disonaría aplicado á aquellos bienes, mirándose como traído con propiedad y muy al caso respecto de la riqueza y de la abundancia de cosas conducentes al deleite y á la pompa. Anda, pues, y pregunta si deberán ser dignas de aprecio y contadas entre los bienes verdaderos aquellas cosas á las cuales, de antemano concebidas en la mente, se se las pueda propiamente aplicar: *que poseyendo tantas con opulencia, no tiene en dónde colocarlas, no verificándose esto haciendo relación á las virtudes mencionadas.*

XIII. Yo he sido compuesto de materia y forma; pero ninguno de estos dos principios se aniquilará, como ni tampoco han venido de la nada. Cualquiera, pues, de estas partes pasará, mediante la mutación, á ser alguna parte del mundo, y ésta pasará segunda vez á ser otra parte del universo, continuándose después esta sucesión hasta al infinito. Ni solo yo vine al mumdo por esta vía de la mutación; vinieron también los que me engendraron, y por su orden otros, retrocediendo al infinito. Ni hay motivo alguno para que esto no parezca verdad, por más que el universo se rehaga y ordene de nuevo, según sus períodos determinados.

XIV. La razón y el arte de vivir según ella son ciertas facultades que, contentas y abastecidas por sí mismas, no necesitan para sus acciones de socorro extraño; de ahí es que no sólo empiezan éstas á obrar por un principio propio, sino que también por sí se encaminan hacia el fin que se han propuesto. Por lo que éste género de acciones se llama *catortosis*, ó sean obras rectas, significando con el nombre lo recto y derecho del camino *que siguen*.

XV. Ninguna de estas cosas se debe decir propia del hombre que no le convenga por razón de tal, ni se pueden exigir del hombre por obligación, ni su naturaleza se las promete, ni ellas perfeccionan la naturaleza humana. De aquí es que en ninguna de éstas tiene el hombre puesto su fin, y en ninguna se halla tal bondad que complete y perfeccione el mismo fin. Á más de que si alguna de las cosas dichas perteneciese al hombre, por cierto que no le estaría bien al mismo el que la despreciase ni fuese contra ella; y así este mismo no sería digno de alabanza, dando señales de que no necesitaba de ellas; ni mucho menos sería tenido por hombre bueno el que en alguna de éstas se fuese á la mano, si es que existiesen y fuesen dables tales bienes. Pero ahora

vemos que cuanto más uno se despoja de estas y otras cosas semejantes, ó con cuanta mayor paciencia lleva el que se las quiten, tanto más crédito adquiere de hombre sabio y bueno.

XVI. Tu alma, ó sea mente, será tal, *ni más ni menos*, cuales fueren las cosas en que frecuentemente pensares, porque el alma queda imbuída *y como* penetrada de sus ideas y pensamientos; imbúyela, pues, con frecuencia de los pensamientos de esta clase; por ejemplo: en donde quiera que se pueda vivir, allí mismo se puede vivir bien; es así que en el palacio se puede vivir; luego en el palacio también es posible vivir bien; y también con éste: que cada cosa ha sido hecha para ejercitar en busca de su fin, y de suyo se inclina al tal ejercicio, ni el fin consiste sino en ajustarse á la tal inclinación; además de que en el fin está cifrado todo el bien y provecho de cada uno; y así se concluye que el bien propio de un viviente racional es la sociedad, supuesto que ya se ha mostrado que para ésta nacimos. Pues qué, ¿no es evidente que las cosas inferiores fueron hechas por causa de las superiores, y que éstas se hicieron con respecto entre sí? ¿*Y quién no ve que* las cosas animadas son de mejor condición que las inanimadas, y que entre las animadas son las más excelentes las racionales?

XVII. El ir tras de imposibles es propio de un loco furioso, y es verdaderamente un imposible el que los malos no hagan cosa tal.

XVIII. Á nadie acontece cosa alguna que no pueda él mismo soportar naturalmente. Lo mismo *que te sucedió á ti* suele acaecer á otro; el cual, ó bien ignorando lo que le pasó, ó bien haciendo alarde de un ánimo valeroso, se está firme y queda sin lesión. Sería, pues, cosa fuerte que pudiesen más la ignorancia y deseo de complacer á otro que la prudencia.

XIX. Las cosas por sí mismas de ningún modo tocan al alma, ni se las permite entrada en ella, ni pueden hacer que vuelva atrás, ni que sea movida; ella sola es la que se muda é impele á sí misma; y cuales fueron los dictámenes que ella admitiere, tales hará que sean para sí los objetos que se la ofrecieren.

XX. El hombre es, para nosotros, una cosa muy allegada atendida esta razón, porque debo hacerle bien y sufrirle con paciencia; pero mirando á estotra, que hay algunos hombres que se nos oponen en el cumplimiento de nuestras obligaciones, ya el hombre viene á ser para mí una de las cosas indiferentes y extrañas, no menos que lo son el sol, el viento y una bestia; porque, á la verdad, pueden también estas cosas impedirme la ejecución de la obra; bien que no sean de impedimento contra mi conato y mi disposición por motivo de la excepción *hecha tácitamente* y por razón de la facilidad en convertir mi ánimo *á lo que se me presentare*, siendo así que la mente convierte todos los impedimentos de la acción y los transfiere á otra obra más aventajada; de manera que le sirve de medio para obrar mejor el mismo impedimento de obrar bien, y le facilita el camino ese mismo estorbo de caminar.

XXI. Honra y ten en gran estimación lo que en el mundo es lo mejor y más excelente; esto es, aquello que se sirve de todas las cosas y que las gobierna. En esta conformidad honra también y ten en mucho aprecio lo que en ti es lo más sobresaliente y aventajado, porque esto es en un todo homogéneo con aquello mismo que en el mundo domina, y porque también tu vida es regida y gobernada por aquel que usa de las otras cosas que tú tienes.

XXII. Lo que no es nocivo á la ciudad, tampoco daña al ciudadano. Esta verdad sírvate de regla general siempre que te venga la sospecha ó temor de que alguno intenta hacerte mal. Si la ciudad no recibe daño por esto, ni yo tampoco, y, dado caso que al público se le hiciese mal tercio, no por eso debes enojarte contra el que se lo hizo, sino que sólo convendrá darle á entender su error.

XXIII. Piensa muy á menudo en la brevedad y presteza con que se nos arrebatan y quitan delante de los ojos las cosas existentes y las que se van haciendo. Porque, á la verdad, la naturaleza, á manera de un río, está en un curso continuo; las acciones consisten en una perpetua mutación; las causas se ven en mil vueltas y revueltas, y casi no hay cosa firme ni estable. Piensa también en la inmensidad del tiempo pasado y en lo interminable del venidero, en donde desaparecen todas las cosas. *Siendo esto cierto*, ¿cómo, pues, no se reputará por insensato el que con éstas se engría ó se aflija, ó el que en alguna adversidad, molestándole por tan corto espacio, se lamente como si fuese por más tiempo?

XXIV. No te olvides de la común naturaleza, de que participas una muy pequeña parte, ni pierdas de vista el todo de una eternidad en la que te ha cabido un breve é indivisible intervalo; y del hado universal, ¿qué parte eres tú?

XXV. Peca alguno, ¿qué se me da á mí? Él se lo verá, que tiene su modo de pensar y propia manera de obrar. Yo tengo ahora lo que la común naturaleza quiere que tenga al presente, y hago lo que mi propia naturaleza apetece que por ahora ponga en ejecución.

XXVI. La parte principal y dominante en tu alma manténgase firme é inmóvil contra los movimientos excitados en el cuerpo, ni se mezcle ó tome parte en ellos; antes bien, prescríbale sus límites y reprima en los miembros aquellas sugestiones y afectos. Y cuando por aquella simpatía que resulta de la unión del alma con el cuerpo se entrometieren en la parte principal, entonces no se ha de intentar la resistencia contra la sensación, siendo ella natural; pero el espíritu suspenda su dictamen, no formando juicio de que tales afectos sean buenos ó malos.

XXVII. Conviene vivir con los dioses, y lo hace así el que frecuentemente les presenta su misma alma resignada y satisfecha con el repartimiento *de los hados*, y pronta á hacer cuanto sea del agrado de su numen interior, que es una parte *de la divinidad* que el mismo Júpiter dió á cada uno por ayo y conductor, y esta es la mente y razón que cada uno en sí tiene.

XXVIII. ¿Por ventura te irritas con el que huele á sudor? ¿Acaso te encolerizas contra quien le huele mal el aliento? ¿Qué quieres que haga? El uno tiene así la boca, y el otro de tal suerte los sobacos, que es preciso salga de ellos semejante exhalación. Pero el hombre, dices, está dotado de razón, y puede, haciendo reflexión, conocer la falta en que incurre; ¡sea enhorabuena! Por lo mismo, pues, tú, que participas de razón, muévele con tu facultad persuasiva á que haga semejante discurso; persuádeselo, recuérdaselo, porque si quiere oirte, conseguirás el remedio y no estarás expuesto á montar en cólera.

XXIX. Ahora mismo puedes llevar aquel género de vida que haces cuenta observar al tiempo de morir; y si no te dejan en libertad de hacerlo, entonces exímete de vivir, y en tal conformidad, como quien no padece mal alguno, y como me aparto yo de la chimenea, si hace humo. ¿Por qué reputas esto por negocio de gran momento? Yo, mientras que ninguna cosa tal me saque de este mundo quedo libre, y nadie me impedirá hacer lo que quiera; y lo que yo quiero *es portarme* según lo pida la naturaleza de un viviente racional y sociable.

XXX. El alma del universo es amante de la unión y sociedad, y por eso hizo las cosas de baja esfera con respecto á las de superior calidad; y con mucha armonía concilió entre sí las más aventajadas; y así ves cómo las subordinó, las coordenó y distribuyó á cada una según su estado y condición, y redujo á una recíproca concordia las que eran entre todas las más excelentes.

XXXI. *Examina contigo mismo* cómo te has portado hasta ahora con los dioses, con tus padres, hermanos, mujer, hijos, maestros, ayos, amigos, familiares, criados; si contra todos ellos has acaso hecho hasta este punto, ó dicho algo opuesto á la piedad y á la religión. Haz memoria también de cuántos negocios han pasado por tu mano y á cuántas fatigas has podido resistir, y advierte que la historia de tu vida ya la has completado y desempeñado tu ministerio; acuérdate, igualmente, de cuántas bellas cosas has visto, cuántos gustos y disgustos has padecido, cuántas cosas llenas de gloria has despreciado, y con cuántos desconocidos é ingratos te has portado con benevolencia.

XXXII. ¿Por qué razón las almas rudas y sin arte ni habilidad han de perturbar á la que se halla adornada de instrucción y sabiduría? ¿Cuál, pues, es el alma instruída y sabia? *dirás tú*. Es la que conoce el principio y fin *de las cosas*, y también á aquella mente extendida por el universo que, desde toda una eternidad, lo dispone y gobierna todo, siguiendo ciertos plazos y períodos determinados.

XXXIII. En un abrir y cerrar de ojos vendrás á ser un poco de ceniza ó un esqueleto, y á lo más quedará solamente tu nómbre, ó ni menos el nombre, siendo éste, á la verdad, un puro sonido y el eco de la voz. Las cosas de mayor aprecio en la vida son vanas, pútridas y de ningún valor, y como otros tantos perrillos que se muerden mutuamente, ú otros tantos niños que, riñendo entre sí, tan prónto lloran como se rien. Pues la buena fe y el pudor natural, la justicia y la verdad, huyendo de la espaciosa y ancha tierra, de un vuelo se subieron al Olimpo. ¿Qué cosa, pues, hay que aun te detènga aquí y embelese? Porque verdaderamente las cosas sensibles son muy expuestas á la mutación y nada consistentes; los sentidos ciegos, y fácilmente reciben trastornádas las impresiones; el alma es una exhalación de la sangre, y el que seas celebrado entre estas gentes es una pura vanidad. ¿Por qué, luégo, no esperas con un animo plácido, ó bien tu extinción, ó bien tu traslación? Mas entretanto que llega el tiempo oportuno para ella, ¿qué cosa bastará *que yo haga*? ¿Qué otra cosa *ha de bastar* sino que veneres y alabes á los dioses, que hagas bien á los hombres, que sepas sufrirles y abstenerte de su trato en ciertas ocasiones, que te acuerdes que cuanto está fuera de los límites de tu cuerpo y espíritu no es cosa tuya ni depende de tu voluntad?

XXXIV. Siempre podrás salir con felicidad en tus empresas, si sabes proceder con rectitud y si quieres pensar y obrar con método y razón. Estas dos cosas son comunes, así al alma de Dios como á la del hombre y de todo viviente racional: la una, el no poder ser impedido por otro alguno; la otra, el tener puesto todo su bien en una disposición santa y acción justificada, dando con esto fin á tu deseo.

XXXV. Si esto *que sucede* no es maldad mía, ni efecto nacido de mi vicio, ni daña al común del universo, ¿por qué me agito pensando sobre ello? ¿Qué cosa puede ser nociva á esta universalidad del mundo?

XXXVI. No te dejes sorprender temerariamente de la primera impresión de un objeto; antes bien debes procurar socorrer á los necesitados según tus posibles y su estado; y aunque veas que padezcan mengua en estas cosas medias, no por eso debes imaginar que en esto haya daño, supuesto que no es mal verdadero, sino que harás como aquel viejo que, no ignorando cuán pueril cosa era una peonza, se la pedía al chiquillo al despedirse; á este modo, pues, *debes por-*

tarte en las cosas del prójimo. Y cuando tú te hallas en la tribuna perorando y gritando: *dime,* hombre, ¿tienes olvidado qué cosa sea esto? no por cierto; pero me hago cuenta de que en tales cosas ponen los hombres la mayor atención *y les agradan mucho.* Y por esto tú también has de ser loco *como ellos.* Yo alguna vez fuí dichoso. ¡Hombre! mira bien, que en cualesquiera parte podrás ser feliz, si tú mismo te labrares la fortuna, la cual no consiste sino en tener costumbres loables, buenos afectos y laudables acciones.

LIBRO SEXTO

I. La materia del universo se rinde y se dispone con facilidad; la mente que la rige y modera de ningún modo es en sí maléfica, puesto que no es maligna ni propensa á dañar á otro, ni capaz de recibir agravio de nadie. En el mundo se ejecuta todo como ella lo ordena.

II. Lo mismo es que cumplas con tu deber yerto de frío que abrigado; falto de sueño que harto de dormir; murmurado que alabado; muriendo que haciendo otra cualquiera cosa; porque también es una de las acciones del vivir la que ejecutamos muriendo, pues basta que cerca de ésta dispongamos bien lo que entonces tuviéremos entre manos.

III. Observa interiormente y procura que en ninguna cosa se te pase por alto su mérito.

IV. Todas las cosas subsistentes se mudarán bien presto y se unirán al todo, ó bien exhaladas (si es que es compaginada la sustancia universal), ó bien disipadas se derramarán.

V. La mente gobernadora del universo sabe muy bien en qué estado se halla lo que hace y en qué materia lo ejecuta.

VI. El mejor modo de vengar la injuria es no imitar *al que la hizo*.

VII. En esto sólo ten tu gusto, y pon tu recreo en que, acabada una acción en pro de la sociedad, pases luégo á emprender otra semejante, acordándote siempre de Dios.

VIII. Es la mente la que se excita á sí misma, y convierte *á los objetos;* la que se finge tal como quiere; la que hace que todos los acontecimientos la parezcan tales como desea.

IX. Cada una de las cosas se perfecciona y lleva á cabo conforme apetece la naturaleza y *alma* del universo, porque no están regidas por alguna fuerza natural que exteriormente contenga y abrace al mundo, ó esté dentro de él contenida, ó se halle fuera de él separada.

X. Ó el mundo es un conjunto de diferentes cosas, ya complicadas entre sí, ya nuevamente disipadas, ó un complejo bien unido y ordenado con método, al que rige la Providencia. Si es, pues, lo primero, ¿por qué yo anhelo detenerme y vivir en medio de tan temerario desorden é igual confusión? ¿por qué yo pienso en otra cosa que en buscar el modo de convertirme en tierra? ¿por qué me perturbo? Pues por más que yo haga, vendrá sobre mí la disolución y separación de partes. Pero si es verdad lo segundo, debo venerar *á Dios*, ser constante *en la virtud* y confiar firmemente en el árbitro y gobernador del universo.

XI. Cuando por la concurrencia de las circunstancias te vieres como necesitado á perder tu tranquilidad, vuelve al punto sobre ti y no te propases sin necesidad fuera de lo debido y justo, porque así te sentirás más esforzado para conservar la buena armonía en tus acciones, recuperándola frecuentemente.

XII. Si á un mismo tiempo tuvieses madrastra y madre, procurarías obsequiar á aquélla, y, sin embargo, hacer continuas visitas á tu madre: imagínate, pues, ahora que éstas son para ti la corte y la Filosofía; vuelve muchas veces á ésta, y con ella descansa; con cuya asistencia te parecerán soportables los negocios ocurrentes en la corte, y *los hombres* te podrán tolerar á ti.

XIII. Al modo que conviene sobre las viandas y otros comestibles semejantes hacer la reflexión que este es el cádaver de un pez, esotro el cadáver de un ave ó de un lechón, y también advertir que el falerno es el zumo de la uva, que la púrpura es el pelo de la oveja, mojado en la sangre de la concha; y por lo respectivo á la generación, considerar que no es sino un mero contacto y cierta excreción de humor, junta con una especie de convulsión (siendo realmente estas consideraciones muy eficaces para que, penetrando lo más interior de las mismas cosas y apartándolas el velo, se vea con mayor claridad lo que son al fin), de esta suerte también importa mucho que se haga la reflexión sobre todo lo ocurrente en el discurso de la vida; y cuando las cosas se nos presentan demasiadamente autorizadas y acreedoras á nuestro aprecio, convendrá despojarlas y ver á las claras su vileza, poniendo á un lado la relación de elogios con que aparentan su fingida gravedad; porque el fausto es un fuerte impostor, y entonces nos encanta más, cuando especialmente deliberamos sobre cosas al parecer dignas de mayor aprecio. Mira, pues, con atención lo que Crates dijo hablando de Jenócrates.

XIV. Las más de las cosas de que se admira el vulgo pueden reducirse á *ciertas clases* ó géneros universales, conteniéndose las unas en la clase de sustancias dotadas, ó de sola forma *y figura inerte*, ó de naturaleza *y fuerza dinámica*, cuales son, ya las piedras y los maderos, ya las higueras, vides y olivos; perteneciendo otras, que aprecian las gentes de mediana esfera, á la clase de las que tienen alma sensitiva, tales son, por ejemplo, los rebaños de ganado mayor y menor; comprendiéndose otras, á que se inclinan los hombres de más honor, en la clase de las que tienen alma racional, no en cuanto es alma universal del mundo, sino en cuanto se mire como industriosa y diligente, ó en cuanto simplemente se considere como racional: tal es, verbi gracia, el ser dueño de un crecido número de esclavos. Mas aquel que honra debidamente á su alma racional en cuanto es universal y amante de la sociedad, dejando aparte cualquiera otro cuidado, procura ante todas cosas que su alma se conserve en estado racional y sociable, y que también coopere á que otros de su naturaleza hagan esto mismo.

XV. Unas cosas se apresuran para recibir su ser, otras se dan priesa en perderlo, y aun una misma cosa, al momento de hacerse, ya en parte se extingue; y así las disoluciones y alteraciones renuevan continuamente el mundo, al modo que la incesante sucesión del tiempo representa la eternidad siempre nueva. En esta precipitada corriente, en donde no es posible fijarse, ¿quién podrá apreciar cosa alguna de estas así pasajeras? *Sería lo mismo* que si uno empezara á enamorarse de una de las aves que, volando por el aire, al instante desaparecieron de la vista. Á un modo semejante viene á ser la vida de cada uno, que es como una exhalación de la sangre ó como la respiración y atracción del aire; pues cual es el respirar una vez y atraer el aire lo que todos hacemos cada momento, tal es, en verdad, el volver á dar toda la fuerza de respirar á aquel principio de donde la habías tomado antes y adquirido naciendo ayer ó antes de ayer.

XVI. No es cosa digna de mucha estimación ni el transpirar como las plantas, ni el respirar como las bestias, ni el estamparse en la fantasía las ideas, ni el agitarse el apetito con los afectos, ni el vivir congregados, ni el nutrirse con el alimento, porque esto es una cosa semejante á la que sucede en el expeler las superfluidades de la comida. ¿Qué cosa, pues, merecerá nuestro aprecio? ¿El ser aplaudido con palmoteo? Ni esto tampoco; luego ni menos lo será el ser aclamado con los gritos de viva y más viva; porque las alabanzas del pueblo no son sino un estrépito y sonido de la lengua. Dejada, pues, también la gloria del aplauso popular, ¿qué restará digno de estima? El portarse conforme á nuestro propio estado y atarearse á lo que los cuidados y las artes nos mueven é incitan. Porque toda arte tiene su mira en que lo dispuesto y preparado sea muy á propósito para aquella obra para la que se había ordenado y destinado; esto pretende el labrador cuidando de la vid, el picador domando el potro, y el cazador amaestrando el perro. Y la educación y disciplina de la juventud, ¿á qué otra cosa aspira con su afán y diligencia? Luego en esto consiste lo apreciable; y si esto te saliere bien, no será necesario que procures adquirir para ti otra cosa más. ¿Es posible que ni aun por eso dejes de apreciar otras muchas cosas? Pues *haciéndolo* así, ni te verás libre de cuidados, ni estarás contento con tu suerte, ni vivirás sin pasiones; por necesidad serás envidioso y competidor; tendrás por sospechosos á los que pueden privarte de lo que gozas; armarás asechanzas á los poseedores de lo que tienes en tanta estima; y así es absolutamente necesario que, hallándote necesitado y privado de alguna cosa apreciable por ti, te perturbes é inquietes, y aun te quejes muchas veces de los dioses. Al contrario, la veneración y estima hecha de tu propia alma, hará que vivas contento y pagado de ti mismo; que te avengas y acomodes con los demás hombres; que te conformes y resignes con los dioses; esto es, alabándoles y aprobando cuanto ellos dispensan y determinan.

XVII. El movimiento de los elementos es hacia arriba, hacia abajo, alrededor; pero el curso de la virtud no está sujeto á ninguna de estas variaciones, sino que tiene un no sé qué de divino; de modo que, caminando por una vía oculta é incomprensible, hace felizmente su jornada.

XVIII. ¡Qué desatino cometen los hombres! No quieren hablar bien de sus contemporáneos y compañeros, y los mismos tienen en gran estima ser alabados por los venideros á quienes no han visto ni verán jamás. Esto es casi lo mismo que si se contristasen porque los antepasados no hubiesen hecho honorífica mención de ellos.

XIX. No debes suponer que si á ti te parece difícil de practicar alguna cosa, sea imposible á todo hombre; antes bien, te has de persuadir que, si es posible y correspondiente á un hombre, también es asequible á ti.

XX. En los ejercicios de la *lucha*, aun dado que alguno nos arañe y arremetiendo con la cabeza nos haga alguna herida, sin embargo, no damos señal de *enojo*, ni nos enfadamos, ni le calificamos en lo sucesivo de traidor; y si bien nos guardamos de él, pero no como de un enemigo, ni por sospecha ó desconfianza, sino que con buen modo y ánimo benévolo le huimos el cuerpo. Así debemos hacer en el resto de la vida, no parando mientes en muchas de las cosas que hacen los hombres, mirándoles como si fuesen nuestros antagonistas ó competidores; porque, como yo decía, es permitido huirles el cuerpo sin tenerles por sospechosos ni odiarles.

XXI. Si alguno pudiese convencerme y hacerme patente que yo no pienso con rectitud ú obro bien, con mucho gusto mudaría de *dictamen y de conducta;* porque yo busco la verdad, la cual jamás dañó á ninguno, siendo así que quien se obstina en su error é ignorancia, queda malamente burlado.

XXII. Yo hago y cumplo con mi deber; las demás cosas no solicitan mi atención; porque, ó son inanimadas ó irracionales, ó van fuera de razón é ignoran el camino verdadero.

XXIII. Como hombre dotado de razón, usa con magnanimidad y libremente de los animales, y, en general, de las cosas y sustancias que carecen de razón; empero á los hombres, como participantes de racionalidad, trátales sociablemente, y en todo pide á los dioses su favor y amparo; no te interesa saber en cuánto tiempo podrás hacer tus cosas; porque sólo el espacio de tres horas bien empleado te basta y sobra.

XXIV. Alejandro el de Macedonia y su mozo de mulas, habiendo muerto, vinieron á parar en una misma cosa; porque, ó bien fueron resumidos *en los mismos principios* y razones seminales del universo, ó fueron igualmente dispersos y reducidos á sus átomos.

XXV. Considera qué de cosas pasan á cada uno de nosotros en un mismo punto de tiempo indivisible, tanto por parte del cuerpo cuanto respecto del alma; y de este modo no te maravillarás si muchas cosas más, ó, por decirlo mejor, si absolutamente todas las cosas hechas en este singular universo, que llamamos mundo, se producen al mismo tiempo.

XXVI. Si alguno te preguntase cómo se escribe el nombre de Antonino, ¿por ventura proferirías cada una de las letras levantando la voz? Pues qué, dado caso que se irritasen, ¿te enfadarías tú también? ¿No sería mejor que tú, pasando adelante, pronunciases con quietud cada una de las letras? Á este modo, pues, hazte ahora la cuenta que toda obligación consta de ciertos puntos, los cuales conviene observar, llevando al cabo con buen orden lo que estés haciendo, y no alborotándote ni disgustándote de los que se indignasen contra ti.

XXVII. Viene en cierto modo á ser una crueldad que no se permita á los hombres dejarse llevar de las cosas que les parecen propias y conducentes. Y cierto que tú de alguna manera no permites que ellos lo hagan así cuando te irritas porque pecan, puesto que entonces se dejan absolutamente tirar como de cosas propias y convenientes á los mismos. Pero no es así: díselo, pues, á ellos y muéstraselo sin enojarte.

XXVIII. La muerte es el fin y descanso de las impresiones de los sentidos, de la agitación del apetito, del discurso de la mente, de la servidumbre y cuidado cerca del cuerpo.

XXIX. Muy mal parecido es que el alma afloje y desmaye en el deber de la vida antes que en el cuerpo se pierda y disminuya el vigor para las funciones humanas.

XXX. Mira bien no te transformes en César de pies á cabeza, ni te revistas de este carácter de soberanía y majestad, como suele suceder; consérvate, pues, en un aire de simplicidad, de bondad, de entereza, de gravedad, de seriedad; prosigue siendo amante de lo justo, religioso, benévolo, sincero en tu afecto, constante y esforzado en el cumplimiento de tus obligaciones.

Pretende con empeño que te mantengas tal cual quiso hacerte la filosofía; venera á los dioses; protege á los hombres. La vida es breve; uno *el consuelo* y fruto de vivir sobre la tierra, que todo consiste en una disposición de ánimo piadoso, junto con el ejercicio de acciones benéficas.

Procura en todo *portarte* como discípulo de Antonino; *imita* su tenor constante en obrar, según razón; su conducta en todo uniforme; la piedad y apacibilidad del semblante; la afabilidad y desprecio de la vanagloria; el estudio y empeño en hacerse bien cargo de los negocios, y en tal conformidad, que nada dejaba absolutamente por hacer, mirándolo antes con atención y madurez, y reflexionando con prudencia y sabiduría; *observa* cómo también sufría á los que, sin razón, le vituperaban, no quejándose contra ellos; cómo en ningún negocio se apresuraba; cómo no admitía fácilmente las delaciones; cómo era exacto y mirado en sus costumbres y hechos, no injuriador, no medroso, no suspicaz, no sofista.

Nota su parsimonia, contentándose con poco, por lo que mira á la habitación, cama, vestido, comida, familia; siendo amante del trabajo y sufrido; pudiendo perseverar en un mismo sitio desde la mañana hasta la noche, efecto de su vida frugal y parca; no teniendo necesidades corporales fuera de su hora acostumbrada; permaneciendo constante y siempre el mismo en las amistades; *admira* también que llevase con paciencia á los que con libertad se oponían á su dictamen, y que se alegraba si alguno sugería mejor pensamiento, y cómo era pío y religioso, sin escrúpulo ni superstición. *Imítale, pues, en todo esto,* para que la última hora de la muerte te coja con tan buena conciencia como á él.

XXXI. Recupérate y recapacítate un poco, y después de bien vuelto sobre ti, y considerando que era una ilusión lo que te perturbaba, mira bien despierto y con atención segunda vez estas cosas de acá, como habías mirado aquéllas.

XXXII. Yo consto de cuerpo y de alma: al cuerpo todo le es indiferente, porque no puede discernir nada; al alma también es indiferente todo aquello que no sea acción suya peculiar; pero penden de su arbitrio todas sus obras particulares, aunque entre éstas sólo se deben contar las que presentemente estuviere haciendo, puesto que los hechos pasados y los que podrán sobrevenirla también la son indiferentes.

XXXIII. Mientras que la mano hace lo que es propio de la mano, y el pie lo que asimismo es peculiar del pie, ni la mano ni el pie tienen un trabajo que no sea natural: del mismo modo, pues, en tanto que el hombre hace lo que es privativo del hombre, su trabajo no es superior á sus fuerzas naturales; de consiguiente, tampoco es para él mal alguno, no siendo fuera de lo natural.

XXXIV. ¡Cuántos deleites suelen percibir y gozar los ladrones, prostituídos y tiranos!

XXXV. ¿No vés cómo los artífices mecánicos, aunque suelen condescender algún tanto con los idiotas é ignorantes de su arte, no por eso dejan de alegar contra ellos sus razones, é insisten en no separarse de ellas? Ahora bien: ¿no sería mal visto que un arquitecto, ó un médico, hiciese más aprecio de lo que prescribe su arte que un hombre hace de lo que le dicta la razón, que es común al mismo hombre y á los dioses?

XXXVI. Asia y Europa son unos rincones ó ángulos del universo; el mar entero es una menudísima parte de agua del universo; el monte Atos es un insignificante terrón del mundo; todo tiempo presente es un punto de la eternidad; todas las cosas son de poco momento, caducas, perecederas, vanas; todas vienen de allá, de aquella mente común, ó ya de propósito pensadas y dispuestas, ó bien naturalmente consiguientes; así, pues, la grande abertura de la boca del león, el maleficio y cuanto es nocivo, como las espinas y el lodo, vienen á ser como unas adiciones ó apéndices naturales de los demás vistosos y hermosos efectos de la naturaleza: no por eso te imagines que tales cosas sean *indignas* ó ajenas de aquella mente universal á quien veneras; antes bien, completa y reconoce por ellas el origen de todo lo existente.

XXXVII. Quien ha visto lo presente, ya lo

vió todo, no sólo cuanto sucedió desde la eternidad, sino también cuanto acaecerá por toda una infinidad de tiempo, puesto que todas las cosas son de una misma naturaleza.

XXXVIII. Considera muchas veces la mutua conexión que tienen entre sí todas las cosas del universo, y la relación de las unas con las otras, pues en cierto modo están entre sí enlazadas y por este respecto se comunican amigablemente; y así las unas son consiguientes á las otras, ya por el movimiento local, ya por la conspiración y simpatía, ya por la unión de la materia.

XXXIX. Ajústate y acomódate á lo que el hado te ha destinado, y ama á los hombres con quienes te cupo en suerte el vivir.

XL. La máquina, el instrumento, todo preparativo, si sirve para lo que fué dispuesto, tiene su aprecio, aun estando lejos de allí el que lo dispuso. Mas en los efectos que *produce* y contiene en sí la naturaleza, siempre se queda dentro y reside en ellos la virtud y *principio* que los había hecho; convendría que uno venerase más á la naturaleza y que se persuadiese que, si él mismo viviese y perseverase conforme con lo que ella quiere, le sucedería todo á medida de su deseo y del mismo modo que al universo le salen todas sus cosas como apetece.

XLI. Si supieses que algo de aquello que no está en tu mano, sea lo que se fuere, es para ti bueno ó malo, sería necesario que en la incursión en el tal mal y en la separación de semejante bien formases tus quejas contra los dioses y concibieses odio contra los hombres, reputándoles autores ó sospechando que podrian serlo de tu caída en el mal ó pérdida del bien. Y, en efecto, sucede que muchas veces obramos contra justicia y razón por la discordia de opinión acerca de estas cosas. Pero si nosotros juzgásemos por bienes ó males los que solamente penden de nuestro arbitrio, no nos quedaría motivo alguno, ni de culpar á Dios, ni de odiar.

XLII. Todos cooperamos á un mismo fin: los unos sabiendo y comprendiendo bien *lo que se hacen;* los otros sin entenderlo; del mismo modo que Heráclito dice, si no me engaño, que también los dormidos son operarios, que por su parte coadyuvan á lo que en el mundo se está haciendo. Bien es verdad que otro contribuye de distinto modo, excediéndose el que se queja, el que intenta hacer resistencia, y el que pretende destruir lo hecho, porque aun de este tal se aprovecha y sirve el universo; y así, mira al cabo y reflexiona con quiénes te querrás alistar, supuesto absolutamente que hará buen uso de ti el que todo lo rige, y te recibirá en alguna de las clases de los operarios que mutuamente se ayudan en su trabajo. Pero guárdate bien de que no hagas en el mundo un papel semejante al que hace en el drama aquel verso vil y ridículo de que hace mención Crisipo.

XLIII. ¿Por ventura el sol anhela hacer lo que es propio de la lluvia? ¿Acaso Esculapio pretende hacer lo que es privativo de la tierra? ¿Qué diré de cada astro en particular? ¿No es verdad que, siendo diferentes entre sí, conspiran todos á un mismo efecto?

XLIV. Si es, pues, cierto que los dioses han acordado ya sobre mí, y lo que me debe acontecer, bien resuelto estará, porque no es fácil formarse la idea de un Dios inconsiderado y sin reflexión; ¿pues con qué motivo se habían ellos de mover á la resolución de hacerme mal? ¿Qué provecho les resultaría de aquí ó al común del universo, de quien ellos tuviesen especial providencia? Pero si es que no han determinado sobre mí en particular, por lo menos habrán decretado en general acerca de las cosas del mundo, con las que también tienen enlace mis cosas particulares, que debo abrazar con gusto y darme por contento con ellas. Y dado que los dioses de nada tuviesen providencia (que es una impiedad creerlo), entonces de ningún modo sacrificaríamos, oraríamos, juraríamos ni haríamos otras cosas que en particular hacemos, como para con unos dioses entre nosotros existentes y que viven en nuestra compañía. Mas si los dioses no deliberasen sobre ninguna de nuestras cosas, sin embargo, me sería lícito mirar por mí, estando en mi mano la inspección de lo que es conducente; y cierto que á cada uno conviene lo que dice bien con su condición y naturaleza. Por último, mi naturaleza es racional y sociable; mi patria y ciudad, en cuanto Antonino, es Roma; pero en cuanto hómbre, es el mundo; y así lo que á estas ciudades Roma y Mundo fuere útil, esto será mi único bien.

XLV. Cuanto sucede á cada individuo conduce al universo, y esto debería bastar; pero aun hay otra cosa, como verás haciendo la observación en general, que lo conducente á un particular también conduce á los otros hombres; bien entendido que ahora se debe tomar la palabra *conducente* en sentido común, aplicada á las cosas medias é indiferentes.

XLVI. Á la manera que suelen ofenderte los espectáculos representados en el teatro y en otros lugares semejantes, porque el ver siempre lo mismo y sin mudanza de aspecto causa tedio á la vista, del mismo modo podrá sucederte en todo el curso de tu vida; porque tódas las cosas superiores é inferiores son siempre las mismas y provienen de los mismos principios.

XLVII. Medita sin cesar qué de hombres de todas condiciones, de todas profesiones, de todas naciones murieron ya, de suerte que desciendas de este modo hasta dar con Filistión, con Febo y Origanión; entonces pasa con la consideración á otras clases de gente, pues es preciso que nosotros hagamos el mismo camino que hicieron tantos oradores elocuentes, tantos filósofos venerables, un Heráclito, un Pitágoras, un Sócrates; tantos héroes primero, tantos caudillos y tiranos después: además de éstos, un Eudoxo, un Hiparco, un Arquímedes y otros de agudo ingenio, de corazón magnánimo, de industria singular, de suma astucia y de mucha arrogancia; hasta los mismos motejadores satíricos de esta vida caduca y casi momentánea, como Menippo y otros tales, y cerca de todos estos haz la reflexión de que mucho hace fueron sepultados; si bien ¿qué mal les vino por eso á ellos? ¿Qué daño á otros muchos, de quienes absolutamente ni queda el nombre? Así, que una sola cosa hay en este mundo de que debemos hacer mucho aprecio, que es el saber vivir entre hombres falsos é injustos siguiendo la verdad y la justicia.

XLVIII. Cuando quieras darte un rato de contento, ponte á considerar la ventaja de los que viven contigo; por ejemplo, de este lo industrioso, de aquel lo modesto, de uno lo liberal y de otro cualquiera otra prerrogativa, porque ninguna cosa nos deleita tanto como el contemplar las imágenes de las virtudes que resplandecen en las costumbres de los que viven con nosotros, y que de tropel, por decirlo así, se nos entran por los ojos, por lo que conviene tener á mano esta consideración.

XLIX. ¿Por ventura llevas á mal ser de peso de tantas libras y no llegar al de trescientas? No te inquietes por eso, porque hayas de vivir hasta un determinado número de años y no puedas pasar más adelante; pues al modo que conviene contentarse con la estatura, así también con la cantidad del tiempo prefijado.

L. Insistamos en persuadir á nuestros prójimos *lo que sea justo y razonable;* no dejemos de hacerlo, aunque se resista, cuando así lo pida el derecho de justicia; mas si alguno, usando de violencia, se te opusiese, vuélvete á tu ánimo plácido y tranquilo y aprovéchate de la resistencia para ejercitar otra virtud; y acuérdate de que con la debida excepción emprendías el asunto, y que no pretendías imposibles. ¿Qué cosa, pues, era la que deseabas? Era este mismo conato que consigues, aunque no tenga efecto aquello á que habías puesto la mira.

LI. El que es ambicioso, juzga por bien propio la acción ajena; el que es dado á los deleites, cree que su bien consiste en el goce de sus pasiones; pero el que tiene juicio, conoce que en su proceder *estriba toda su felicidad.*

LII. Puede uno muy bien no formar juicio acerca de esta ú otra cosa, y no inquietarse en su interior, pues las cosas no tienen por sí tanta fuerza que nos precisen á calificarlas *de buenas ó malas.*

LIII. Acostúmbrate á estar con atención á lo que dice todo hombre, y en cuanto te sea posible intérnate dentro de su alma.

LIV. Lo que no es bueno para el enjambre tampoco es conducente para la abeja.

LV. Si los marineros tratasen malamente al piloto, ó los enfermos injuriasen de palabra al médico, ¿á qué otro podrían apelar? Ó ¿cómo sería posible que los unos ejecutasen lo que conduce á la conservación y seguridad de los navegantes, y los otros lo que sirve para la sanidad y cura de los enfermos?

LVI. ¡Cuántos de aquellos con quienes entré en el mundo ya salieron de él!

LVII. A los ictericiados les parece amarga la miel; á los mordidos de un perro rabioso, el agua les es cosa formidable; á los niños, la pelota les parece cosa bella; ¿pues á qué viene el enojarte? ¿Acaso te parece á ti que ha de poder menos el engaño de la mente que un poco de cólera en el enfermo de icttericia y el veneno en uno que padece mal de rabia?

LVIII. Nadie te impedirá que vivas según dicta la luz de tu razón natural, y nada te acaecerá contra la razón y orden de la naturaleza.

LIX. *Piensa bien* cuáles son aquellos á quienes deseamos agradar; con qué miras y esperanzas les queremos complacer; por qué especie de servicios les queremos ganar, *y verás* cómo en breve sepultará el tiempo todas estas cosas, y cuántas ya ha sepultado.

LIBRO SÉPTIMO

I. ¿Qué viene á ser la perversidad? Es lo que has visto muchas veces; y así, en todo acontecimiento ten á la mano esta reflexión: esto es lo que viste en varias ocasiones. Absolutamente desde el principio al fin hallarás los mismos sucesos de que están llenas las historias, de que al presente abundan las ciudades y familias particulares; nada encontrarás de nuevo; todo es cosa trillada y de breve duración.

II. ¿De qué otro modo se te pueden borrar las máximas *de la filosofía*, á no ser que se amortigüen las ideas que son correspondientes á los mismos *preceptos filosóficos*? De ti pende el avivarlas de continuo. Yo puedo formar sobre este y *el otro* punto el debido juicio; y si puedo, ¿por qué me turbo? Nada absolutamente tiene que ver con mi mente lo que está fuera de ella. Mantente en esta disposición, y todo te irá bien. Tienes en tu mano el revivir, *volviendo sobre ti;* mira otra vez las cosas con los mismos ojos con que antes las viste, porque en esto consiste el revivir *y recuperarse un hombre.*

III. La vana afición y cuidado en todo género de pompa; las representaciones del teatro; los rebaños de ganado mayor y menor; las justas ó ejercicios militares, *pueden compararse al en-*

tretenimiento de echar huesos á los perros y migajas á los peces en los estanques; al afán y acarreo de las hormigas; á las corridas de los amedrentados ratoncillos; á las figurillas de los titiriteros. Conviene, pues, que en estas diversiones se pase un rato con gusto, pero sin hacer ostentación de semejantes bagatelas; antes bien entendiendo que cada uno se hace de tanto mayor mérito cuanto son más importantes las cosas en que emplea su estudio.

IV. En la narración conviene atender á las palabras que se van diciendo, igualmente que á cada uno de los movimientos é impulsos de lo que se está haciendo; y, á la verdad, en esto importa mirar luégo á qué fin se dirige su intento; pero en lo otro débese reparar bien qué es lo que se quiere significar.

V. Ó me basta mi talento y habilidad para el tal negocio, ó no. Si me es suficiente, me valgo de ellos, para el efecto, como de un instrumento dado por la común naturaleza; si no son proporcionados, ó cedo el asunto á otro que pueda darle mejor y más feliz éxito, salvo que por otro lado no sea esto de mi obligación personal, ó lo hago como puedo, tomándome un compañero, el cual, con la ayuda de mi mente, pueda hacer aquello que entonces sea oportuno y útil á la sociedad, visto que cuanto yo hiciere por mí mismo ó con la asistencia y favor de otro se debe encaminar al bien del público.

VI. ¡Cuántos se hallan ya sepultados en el olvido, habiendo antes sido muy aplaudidos! Y ¡cuántos de los que celebraron á éstos fueron asimismo borrados tanto há de la memoria de los hombres!

VII. No te corras de ser ayudado de otro: lo que á ti te incumbe es cumplir con tu deber del mismo modo que al soldado le toca dar el asalto á la fortaleza. ¿Pues qué importa que tú, estando cojo, no puedas subir á las almenas por ti solo, si te es posible con el amparo de otro?

VIII. No te perturbe lo que vendrá después; porque, si fuere necesario, tú le saldrás al encuentro armado de la misma razón de que ahora te vales para las cosas presentes.

IX. Todas las cosas están trabadas y encadenadas entre sí, y su enlace es tan sagrado que casi no se halla una que sea extraña y ajena á la otra; porque todo se ve coordinado y contribuye esto al adorno del mismo universo. Y es que el mundo viene á ser un compuesto de todas estas cosas y un dios en todas ellas; una sustancia, una ley, una razón común á todos los animales; finalmente, una verdad, puesto que es una misma la perfección de los vivientes que participan de una misma razón.

X. Todo lo material muy en breve desaparece en la sustancia común del universo, y toda causa prontamente se resume en la razón ó mente universal; finalmente, la memoria de todas las cosas queda presto sepultada en lo inmenso de la eternidad."

XI. Para un viviente racional es una misma la acción conforme con la naturaleza y la que es según razón.

XII. *Conviene ser* justo, ó si no amonestado.

XIII. Á la manera que los miembros de un cuerpo dependen entre sí en sus compuestos, á ese modo las criaturas racionales, aunque separadas, tienen entre sí igual relación, habiendo sido producidas para cooperar á un mismo fin. Esta consideración se te imprimirá más altamente si muchas veces dices para contigo mismo: Yo soy un miembro de este sistema, que consta de naturalezas racionales. Pero caso que tu digas, usando de la letra *R, Rhoo,* que eres una mera parte, aun no amas de corazón á los hombres, todavía no recibes la debida complacencia en eso mismo de hacerles bien; además, que sólo haces eso por puro decoro, no como si á ti te hicieses bien.

XIV. Acaezca exteriormente lo que se quiera á los miembros *de mi cuerpo,* que están sujetos á padecer por un acaso semejante; quéjense ellos, si quieren, que son los mortificados, pues yo, mientras no opine que hay algún mal en lo acaecido, no recibo daño, y más estando en mi mismo el no imaginármelo.

XV. Diga ó haga otro lo que le plazca, á mí me conviene ser bueno; no de otra suerte que si el oro, ó la esmeralda, ó la púrpura, igualmente dijese siempre: por más que haga ó diga cualquiera, conviene que yo sea esmeralda y que retenga mi propio color.

XVI. ¿No es la mente la que se alborota y perturba á sí misma? Quiero decir, ¿no es la que se amedrenta á sí misma? ¿la que de suyo se aflige? ¿la que excita en sí las pasiones? Y caso que algún otro pueda intimidarla, ó entristecerla, hágalo; pues pende de su voluntad el que no se mueva á semejantes afectos, opinando que hay algún mal. El cuerpo, si puede, cuide de sí para que no le venga algún trabajo; y si padece alguna molestia *en todo lance*, quéjese. Pero el alma que teme, que se aflige, que absolutamente hace su juicio acerca de estos afectos, nada tendría que sufrir si no incurriese en la falta de formar un tal dictamen, puesto que la mente por sí de nada necesita, si á sí misma no se acarreara la necesidad, y no está sujeta á perturbaciones y embarazos, á no ser que ella se perturbe y embarace á sí misma.

XVII. Consiste la felicidad *de un hombre* en tener buen numen interior ó buena alma *y buena conciencia*. Pues en vista de esto, ¿qué haces acá, oh imaginación mía? Vuélvete, te lo pido por los dioses, como has venido; para nada te necesito; tú has venido según la antigua costumbre; no me irrito contra ti; sólo *te suplico* que te vayas.

XVIII. ¿Por qué teme alguno la mutación? ¿Pues qué cosa se puede hacer sin que ella intervenga? Y ¿qué otra cosa se *hallará* más agradable *que ésta*, ó más familiar á la naturaleza del universo? ¿Por ventura podrás usar del baño caliente sin que la leña se mude y convierta en fuego? ¿Te podrás nutrir sin que la comida se mude en tu alimento? ¿Acaso se puede llevar á cabo alguna cosa á no ser que sea por vía de mutación? Ahora, pues, ¿no ves tú que viene á ser una cosa semejante tu mutación, é igualmente necesaria á la naturaleza del universo?

XIX. Todos los cuerpos, á manera de un torrente, van pasando á la sustancia del universo, con el cual tienen un mismo ser y conspiran á una misma obra; no de otro modo que los miembros de nuestro cuerpo van á una entre sí mismos. Y en efecto, ¡cuántos Crisipos, cuántos Sócrates y cuántos Epictetos se absorbió ya el tiempo! Haz, pues, que esto mismo te ocurra á la memoria respecto de cualquier hombre ó cosa.

XX. Una sola cosa me hace andar fuera de mí mismo, y es que acaso haré yo lo que no sea conforme á la condición del hombre, ó de modo que no sea correspondiente á su estado, ó lo que, atendidas las circunstancias, no es debido.

XXI. Ya está cerca el tiempo en que á todos los echarás en olvido y todos se olvidarán de ti.

XXII. Es propio del hombre amar aun á los que le ofenden; esto se hará, si al mismo tiempo se te ofreciere, que también son de tu misma naturaleza y que pecan por ignorancia y *como* forzados; además de que, así tú como ellos, moriréis dentro de poco tiempo, y, sobre todo, que ellos no te hicieron daño, puesto que no han hecho que tu alma fuese peor de lo que antes era.

XXIII. La naturaleza del universo forma de la sustancia común, como de una cera, ahora un potro; luégo después, deshaciendo éste ó fundiéndole, se sirve de la materia para producir un árbol; más adelante, para la formación de un hombre; finalmente, para la producción de cualquiera otra cosa, subsistiendo cada una de éstas por un tiempo muy limitado; pero jamás es penoso á la arquilla el que la deshagan, como no lo fué el haberla fabricado.

XXIV. El aspecto desagradable en el semblante es muy contrario á la naturaleza; y cuando se afecta con frecuencia, hace desaparecer la hermosura y gracia natural, ó al cabo la echa á perder de manera que después no es posible recuperarla del todo; de esto mismo podrás colegir que también es contrario á la razón. Porque si uno cogiese tal hábito que llegase á perder todo el remordimiento de su conciencia en el obrar mal, ¿á qué fin había de prolongar sus días?

XXV. La naturaleza, que todo lo rige y ordena, muy en breve transformará todo cuanto ves *en el mundo*, haciendo que de su materia nazca otra cosa, y de la materia de esta misma se produzca despues otra, para que el mundo vaya siempre renovándose.

XXVI. Cuando alguno delinquiere en algo

contra ti, luégo procura discurrir qué juicio habrá hecho del bien ó del mal cuando pecó. Porque, examinando esto, le compadecerás y no te admirarás ni te moverás á indignación, visto que tú también sueles formar dictamen de que aquello mismo, ú otra cosa semejante, es un gran bien; y así, es razonable que le perdones. Y dado que no convengas con él, teniendo por buenas ó malas las mismas cosas, *aun por esto mismo*, con mayor facilidad deberás estar de buen ánimo para quien pecó por ignorancia.

XXVII. No conviene pensar tanto en los bienes que nos faltan cuanto en los que presentemente tenemos, aunque entre éstos deberás parar la consideración sobre los más aventajados, y con este motivo reflexionar con cuánta solicitud los buscarías si no lo tuvieses; sin embargo, guárdate al mismo tiempo de que por está complacencia en poseerlos no te acostumbres á tenerlos en tanta estima, de modo que si alguna vez no los tuvieres, su falta te haya de perturbar é inquietar.

XXVIII. Recógete dentro de ti mismo, supuesto que la mente racional es tal por naturaleza, que vivirá contenta en sí obrando con justicia y logrando además de eso mismo la tranquilidad *más apetecible*.

XXIX. Borra esas ideas de tu fantasía; reprime los ímpetus desordenados *del apetito;* cíñete al tiempo presente; penetra bien cuanto á ti ó á otro acontezca; distingue y divide todo objeto en causa eficiente y material; piensa en la última hora *de tu vida;* la falta cometida por otro, déjala allí donde subsiste el pecado.

XXX. *Conviene* extenderse en la contemplación de lo que se habla, y penetrar con la consideración en lo que se hace.

XXXI. Adórnate con la simplicidad, modestia é *igualdad* de ánimo acerca de las cosas de suyo medias entre la virtud y el vicio; ama al linaje humano; sigue á Dios, porque, como dice aquel poeta:

«*Todo de arriba viene así ordenado.*»

Pero caso que solos los elementos sean de arriba dirigidos, te debe bastar el acordarte de que todas las cosas, ó por lo menos las más de ellas, son gobernadas y están sujetas á cierta ley.

XXXII. Por lo que mira á la muerte, ya sea una mera dispersión de las partes, ya una resolución en átomos ó una pura aniquilación, *al cabo viene á reducirse,* ó á una *total* extinción, ó á una mutación *solamente.*

XXXIII. Por lo que toca al dolor, *claro está* que si es insoportable, *en breve* mata, y que si da largas, es tolerable. Entretanto, la mente podrá con su modo de pensar mantener su paz sin que quede deteriorada en algo la parte principal. Pero los miembros, maltratados con el dolor, explíquense contra él, si pueden, y den su queja *como les parezca.*

XXXIV. Respecto á la fama, considera los ánimos de los ambiciosos, qué son en sí, las cosas que rehusan y cuáles las que apetecen; y reflexiona también que, como los montones de arena, acumulados unos sobre otros, quedan ocultos los primeros; así, en la vida, los sucesos anteriores se ven presto sepultados en el olvido con los que ocurren después.

XXXV. *Nota* este dicho de Platón: «¿Por ventura juzgas que aquel que tenga un entendimiento elevado con una justa idea de toda la eternidad y de toda la naturaleza, le parecerá ser una gran cosa la vida humana? No es posible, dijo. ¿Luego este tal no reputará la muerte por una cosa terrible? Nada menos que eso.»

XXXVI. *Ve aquí la bella* sentencia de Antistenes: «Es cosa regia hacer mercedes, recibiendo en pago murmuraciones.»

XXXVII. No es puesto en razón que la mente tenga á su mando el semblante para fingirlo y ajustarlo á su gusto, y que ella no sepa acomodarse y componerse *como es debido.*

XXXVIII. *Dice muy bien Eurípides:*

«El enojo volver contra las cosas
No es razón, pues de enojos no se cuidan.»

XXXIX. *Épico escribe:*

«Á los dioses y á mí da regocijo.»

XL. *Eurípides, en otro lugar, dice así:*

«Se debe, á guisa de madura espiga,
Una vida cortar y dejar otra.»

XLI. *Escribía el otro Trágico:*

«No sin causa ó motivo, ya los dioses
Desestiman á mí y á mi linaje.»

XLII. *Con mucho fundamento dijo el Cómico:*

«La razón y justicia á mí se inclinan.»

XLIII. No debes lamentarte con los afligidos ni mostrarte conmovido.

XLIV. Estas son palabras de Platón: «Yo á este tal le opondría la siguiente y justa razón: No piensas rectamente, ¡oh *buen* hombre!, si eres de parecer que un varón, aun siendo de poca suposición, debe contar mucho con el riesgo de perder ó no perder la vida, ni que sólo debe considerar, cuando obra, si lo que él hace es justo ó injusto, y si su acción es propia de un hombre bueno ó de un malhechor.»

XLV. *Del mismo es el presente lugar:* «En realidad es así, ¡oh varones atenienses!, que en donde quiera que alguno se colocare, juzgando aquel puesto por el mejor, ó que fuere destinado por el magistrado, debe perseverar en él, según mi dictamen, aunque corra peligro, no reputando en nada ni el perder la vida, ni otra cualquiera cosa, á trueque de evitar la infamia.»

XLVI. *Del mismo es lo que sigue:* «Pero, ¡oh hombre feliz!, mira si el ser generoso y bueno sea otra cosa que el conservarse á sí ó salvar á otros. Ni, á la verdad, un hombre que sea verdaderamente bueno debe desear con ansia esto de vivir por tanto tiempo, ni conviene amar sobrado su vida, sino que sólo debe pensar en adelante de qué modo podrá vivir lo mejor que quepa todo aquel tiempo que hubiere de gozar de la vida, dejando á Dios esos otros cuidados y dando crédito al dicho de las mujeres, que ninguno puede evadirse del hado.»

XLVII. Conviene mirar el curso de los astros, como quien gira con ellos, y contemplar también las mutuas conversiones de los elementos, porque las consideraciones de estas cosas purifican esta vida terrestre.

XLVIII. Es bello aquel lugar de Platón *en donde dice:* «Importa mucho á quien raciocine acerca de los hombres que contemple también, como desde una atalaya, lo que pasa en la redondez de la tierra: cada cosa en su género, los ejércitos, las labranzas, los matrimonios, las treguas ó pactos, los nacimientos y las muertes, el tumulto de los tribunales, los países desiertos, las diferentes naciones de gente bárbara, las fiestas, los funerales, las ferias, una total confusión; y, por fin, el universo, que se compone de cosas entre sí contrarias.»

XLIX. *Hace muy al caso* el que uno considere los sucesos pasados y tantas conversiones de dominios, pudiendo con esto prever lo venidero; porque sin duda lo que vendrá despues tendrá absolutamente el mismo aspecto, no siendo posible que salga de aquel orden con que se hace lo presente. De aquí es que viene á ser lo mismo observar por cuarenta años lo que pasa en la vida del hombre que observarlo miles de años... pues ¿qué más habria de ver?

L. *Observa lo que dice Eurípides:*

«Lo nacido en la tierra, en tierra cae;
Y torna al cielo lo que de él provino.»

Siendo esto, ó una desunión del enlace que tienen entre sí los átonos, ó una igual dispersión de los elementos insensibles por naturaleza.

LI. También *conviene notar estotro, que escribe el mismo:*

«De mortal vida entretener queremos
El curso, con comer y divertirnos;
Pero al fin, no sin llantos laboriosos,
Por fuerza tras del aire nos iremos,
Suscitado por Dios.»

LII. *Sufre enhorabuena* que alguno sea más hábil luchador que tú; pero *guárdate* de que ninguno sea más liberal, ni más modesto, ni más bien dispuesto á lo que acontezca, ni humano y benigno respecto de los defectos del prójimo.

LIII. En donde quiera que se puede perfeccionar alguna obra, según lo pide la razón, que es común á los dioses y á los hombres, no es posible que allí haya mal grave; puesto que no hay por qué sospechar algún daño en aquello en que se puede lograr la ventaja y utilidad de que su operación salga con prosperidad y tenga el éxito conforme á la condición humana.

LIV. En todo y por todo pende de tu arbitrio, ya el complacerte religiosamente en la presente disposición de la Providencia, ya el tratar según justicia y razón con tus contemporáneos, ya el usar con artificio de la presente idea para que ni lo más recóndito se te pase por alto.

LV. No gustes de escudriñar el espíritu de otro; antes bien mira de hito en hito hacia aquel término á que te conduce la naturaleza, ya sea ésta la universal, mediante las cosas que te acontezcan, ó la tuya propia por razón de los oficios que debes practicar, teniendo cada uno la obligación de hacer lo que es correspondiente á su estado; pues el resto de las criaturas fué dispuesto para servir á los racionales, al modo que, en toda otra cosa, lo inferior se hace por respecto de lo superior; pero las racionales han sido hechas para ayudarse mutuamente, y así, lo que tiene el primer lugar en la condición humana, es lo que mira á la común sociedad; y el segundo, el no rendirse á los halagos de los sentidos; porque es propio de la facultad racional el reducirse á ciertos límites y no vencerse jamás de los movimientos sensuales é impulsos del apetito, por ser ambos brutales. Además de que la virtud intelectiva pretende conservar su superioridad, y no permitirá dejarse subyugar de ellos; y con muchísima razón, puesto que por naturaleza le pertenece servirse de todos ellos. Finalmente, tiene el tercer lugar en la naturaleza racional el no incurrir en algún error ni el dejarse seducir. El alma, pues, que se adhiera á las máximas insinuadas, prosiga su camino derecho y habrá conseguido lo que la es propio.

LVI. El resto que te quedare de vida conviene pasarlo, según dicta la naturaleza, como muerto ya al mundo y como quien sólo hubiese vivido hasta el tiempo presente.

LVII. Sólo debes tener afición á lo que te acontezca y venga destinado de la Providencia; pues ¿qué otra cosa te podrá ser más oportuna?

LVIII. En todo evento haz por tener á la vista aquellos hombres á quienes ha sucedido lo mismo que á ti, y después lo llevaban con repugnancia, lo extrañaban y se quejaban amargamente; y al cabo, ¿en dónde se hallan ahora? En ninguna parte ya. Pues ¿por qué deseas imitarles? ¿No sería mejor dejar esos extraños sentimientos á quien se conmueve é inmuta con ellos, dedicándose en un todo á pensar cómo podrás aprovecharte de los acontecimientos humanos? Porque si hicieres buen uso de éstos, también te servirán de materia en que ejercites la virtud;

mira sólo por ti, y en cuanto hicieres intenta dar á conocer tu bondad, acordándote que en cualquiera de los sucesos también hay diversidad de materia sobre que pueda recaer una acción virtuosa.

LIX. Reconoce tu interior: dentro de ti está la fuente del bien, que puede manar de continuo si la profundizas siempre.

LX. También conviene que el cuerpo no denote violencia en el movimiento ni en el ademán; porque se debe exigir de todo el cuerpo lo mismo que hace el alma con el semblante, conservándolo apacible y modesto; pero todo esto debe observarse sin afectación.

LXI. El arte de vivir bien tiene más semejanza con la palestra que con la orquesta, por cuanto debe uno estar sobre sí é inmoble contra los repentinos é improvisos accidentes.

LXII. Debes reconocer quiénes son esos por quienes deseas ser alabado, y qué modo tienen de pensar; porque de esta suerte no los vituperarás, incurriendo involuntariamente en alguna falta, ni echarás de menos sus aprobaciones, y más si mirares el origen y causa de sus juicios y pasiones del apetito.

LXIII. Toda alma, según dice *Platón*, está privada de la verdad sin su consentimiento; lo mismo, pues, la sucederá también respecto de la justicia, de la prudencia, de la benevolencia y de toda otra virtud semejante. Es de suma importancia que á menudo te acuerdes de esto, porque así serás más afable y benigno.

LXIV. En todo trabajo ten luégo á mano esta reflexión: que aquello no es indecoroso ni deteriora la mente, dueña de las acciones; pues no la vicia, en cuanto es material ni en cuanto es sociable; y así, en las más de tus cuitas, válete del dicho de Epicuro: que el dolor no será insufrible ni eterno, si te acordares que tiene sus límites naturales. Pero advierte también que muchas cosas nos son bien molestas, sin que las echemos de ver, siendo en realidad cierta especie de dolor; tal es el dormirse intempestivamente, el abrasarse de calor y el sentirse con inapetencia; cuando, pues, te veas desabrido por alguna de estas cosas, di para contigo: ¡Mira que te dejas vencer del dolor!

LXV. Mira bien no sea que alguna vez te portes con los hombres inhumanos como suelen éstos tratar á los hombres.

LXVI. ¿De dónde nos consta si Sócrates ha sido mejor y de índole más excelente que la de un Telauges? Porque no basta saber que Sócrates murió con mucha gloria y grande valor; que disputaba ingeniosamente con los sofistas; que con gran paciencia sabía pasar toda una noche sobre el hielo; que habiéndole mandado prender á un ciudadano Salaminio, le pareció más justo el resistirse con bizarría; y que por las calles públicas andaba con fausto y arrogancia, aunque acerca de esto, con razón, puede uno dudar si fué verdad. Además, conviene también considerar en qué disposición tenía Sócrates su ánimo, y si era capaz de contentarse con ser justo para con los hombres y religioso para con los dioses; no indignándose en vano contra el defecto de otro, ni fomentando la imprudencia de alguno; no recibiendo como cosa extraña ó llevando como insoportable cualquiera disposición de la Providencia; no permitiendo, finalmente, que la mente consintiese en las pasiones.

LXVII. En la formación humana, la naturaleza no unió tu espíritu con el cuerpo de tal modo que no te fuese libre el contenerte dentro de ciertos límites y pendiese de ti el cumplir con tus obligaciones, por lo que cabe muy bien que uno, cultivando su espíritu, se haga un hombre en sí divino y que sea desconocido de todos; acuérdate siempre de esto, y además no te olvides de que son menester muy pocas cosas para pasar felizmente la vida. Y no porque uno desconfíe de poder ser un gran dialéctico y físico, por eso debe perder las esperanzas de llegar á verse libre de *pasiones*, á ser módesto, á ser amigo de la sociedad y á ser rendido y obediente á Dios.

LXVIII. Pende de tu voluntad pasar la vida con el mayor júbilo, por más que todos den las voces que quieran contra ti, y aunque las fieras despedacen tus miembros. Pues ¿quién impide al alma que en medio de todos esos infortunios no se conserve en su tranquilidad, no mantenga un juicio verdadero acerca de los sucesos que la rodean, no persevere pronta en hacer el uso debido de los accidentes que tiene á la vista? De modo que el Juicio dé á entender á lo que ocurra: tú, en realidad, eres esto, aunque en la apariencia muestres ser otro, y el Uso diga á lo que se presente: yo á ti te buscaba, porque lo que se me pone delante siempre me sirve de materia para ejercitar las virtudes propias de la razón y sociedad; y, en una palabra, para dedicarme al ejercicio del arte peculiar de un hombre ó de un dios, supuesto que cuanto acontece es correspondiente al hombre ó á Dios; no cosa nueva ni difícil de manejar, sino cosa muy sabida.

LXIX. La perfección de las costumbres lleva consigo el vivir cada día como si aquel fuese el último de la vida, sin apresurarse, ni caerse de ánimo, ni obrar con ficción.

LXX. Los dioses, siendo inmortales, no se irritan al ver que por tan largo tiempo absolutamente convendrá que ellos siempre sufran con paciencia á los malos, siendo éstos tales y tantos en número, sino que además también cuidan en un todo de los mismos. ¿Y es posible que tú, que en un abrir y cerrar de ojos dejarás de ser, te canses de tolerarlos, y más siendo uno de los malos?

LXXI. Es triste que no procures separarte de tu propio vicio, pudiendo, ciertamente, hacerlo, y que intentes huir de la maldad de otros.

LXXII. Con mucha razón, la facultad intelectiva y sociable tiene por cosa de menos valer todo aquello que hallare no conducir ni para la sabiduría ni para la sociedad.

LXXIII. Cuando tú has hecho un favor y otro le ha recibido, ¿porqué todavía buscas, á más de esto, un medio término para parecer bienhechor ó lograr otra recompensa?

LXXIV. Ninguno se cansa de recibir beneficios; es así que la beneficencia es una acción conforme con la naturaleza; luego no debes tampoco cansarte en hacer bien á otro.

LXXV. La naturaleza del universo primeramente emprendió la fábrica del mundo; pero, ahora, ó todo lo que se hace sucede por una consecuencia necesaria, ó las criaturas racionales son el principal objeto en que la mente gobernadora pone especial esmero. Haciendo este recuerdo te hallarás muy tranquilo.

LIBRO OCTAVO

I. Sirve también, para que no tengas vanidad, el que en adelante no te puedes lisonjear de haber pasado filosóficamente toda la vida, ó, por lo menos, la que medió desde tu juventud hasta ahora; antes bien has estado muy lejos de la filosofía, como no ignoran otros muchos y á ti te es bien claro. Viviste, pues, distraído, de modo que en lo porvenir no te será fácil adquirir la gloria del filósofo, á lo cual también se opone tu manera de vivir. Ahora bien: si es que verdaderamente has conocido en qué consiste la vida filosófica, despreciando toda apariencia, conténtate con vivir el tiempo que te queda, sea el que fuere, según te dicte tu naturaleza; y así, piensa atentamente en lo que ella quiere, y no te distraiga otra cosa; porque en cuantas cosas anduviste divertido, la experiencia te ha enseñado que en ninguna hallaste la felicidad de la vida; no en hacer silogismos, no en la posesión de riquezas, no en los aplausos, no en las delicias, por último ni en parte alguna. Pues ¿en qué consiste? En hacer lo que exige la naturaleza humana. Y esto, ¿cómo se ejecutará? Después que tuvieres los principios por que se regulan los deseos y las obras. ¿Y cuáles son esos principios? Los que deciden del bien y del mal; de modo que no se repute por bien del hombre lo que no le hace justo, templado, fuerte y liberal, ni por mal lo que no cause los efectos contrarios á lo que acabamos de decir.

II. En todas tus acciones hazte la pregunta: ¿cómo me va en esto? ¿acaso me arrepentiré de ello después? Dentro de poco también yo habré muerto y todo se acabó para mí: luego ¿qué más puedo pretender que el que la presente obra sea propia de un viviente racional y sociable, dirigido por las leyes con que se gobierna Dios?

III. Alejandro, César y Pompeyo, ¿qué tienen que ver, comparados con Diógenes, Heráclito y Sócrates? Porque estos filósofos eran de un espíritu tan excelente, que penetraban bien las cosas, sus formas y materias; pero aquellos príncipes, de todo esto ignorantes, ¿á cuántos cuidados se vieron sujetos?

IV. Ten bien entendido que los hombres, hagas lo que hagas, serán siempre los mismos.

V. En cualquiera caso, lo principal es que no te turbes; porque todo acontece según la lleva la naturaleza del universo, y muy en breve perecerás, no dejando rastro de ti en parte alguna, como sucedió con Adriano y Augusto. Después, contemplando con atención el asunto, indaga lo que es en sí mismo; y reflexionando que te conviene ser hombre virtuoso, ejecuta constantemente lo que exige de ti la naturaleza humana, y di siempre lo que te parezca más justo con intención sana y la mayor modestia.

VI. La ocupación ordinaria de la naturaleza universal se reduce á transportar lo que se halla en este lugar á otro, convertirlo en otra cosa y quitarlo de acá y llevarlo allá. Todo es una continua mutación; de modo que no se puede temer que suceda algo de nuevo, siendo todo cosa sabida, además de que las disposiciones son siempre iguales.

VII. Toda naturaleza queda contenta haciendo su carrera prósperamente; empero la naturaleza racional sólo camina con felicidad no asintiendo á ninguna idea falsa ni oscura; encaminando únicamente sus intentos á hacer obras en beneficio del público; ocupando solamente sus deseos y aversiones en lo que pende de su arbitrio, y aceptando con resignación todo lo que la común naturaleza la dispensa, por ser una parte de ésta, como la naturaleza de una hoja es parte de la naturaleza del árbol; sólo con la diferencia de que, en el árbol, la naturaleza de una hoja es parte de una naturaleza insensible, irracional y expuesta á ser estorbada en sus operaciones; pero la nuturaleza del hombre es parte de una naturaleza inteligente, justa y libre en todos sus designios, que sin duda hace una igual distribución de tiempo, forma, materia, fuerza y accidentes, dando á cada uno según su mérito; mas advierte que absolutamente no comprenderás la igualdad si consideras separadamente una cosa; pero sí haciendo el cotejo de las partes de un todo con las de otro.

VIII. Por tu ignorancia, no puedes leer un libro; pero bien puedes reprimir tu insolencia, puedes superar el deleite y el dolor, puedes despreciar la vana gloria.

IX. En adelante, ninguno te oiga quejarte de la vida de palacio ni de la tuya propia.

X. El arrepentimiento es cierta vindicación ó displicencia de sí mismo, por haber omitido hacer alguna cosa interesante; en el supuesto de que es necesario que todo bien sea una cosa útil y acreedora á que un hombre bueno y honrado cuide de ella, pues ningún hombre bien reputado y sincero se arrepintió jamás por haber dejado pasar algún deleite; luego el placer ni és cosa útil ni bien alguno.

XI. Examina qué viene á ser esto en sí mismo, según su propia condición; cuál es su sustancia ó materia, cuál su forma, para qué sirve ó qué hace en el mundo, cuánto tiempo dura.

XII. Cuando sintieres repugnancia en levantarte de dormir, acuérdate de que es correspondiente á tu estado y á la naturaleza humana el ejecutar acciones útiles al bien de la sociedad, pues el dormir también és común á las bestias; además de que lo que es conforme con la naturaleza de cada uno, le es más propio y connatural, y, sin duda alguna, más gustoso.

XIII. En cuanto te sea posible, procura examinar en cualquiera idea que te viniere á la imaginación cuál es la naturaleza de su objeto, discurriendo sobre los efectos que causa y discerniendo lo verdadero de lo falso.

XIV. Con cualquiera que te encontrares, al instante di para contigo mismo: Este tal, ¿qué máximas ó qué modo tiene de pensar, por lo que mira al bien y al mal? Pues el que tuviere máximas de esa clase acerca del deleite y dolor, y de las causas de donde procede uno y otro, acerca de la gloria é ignominia, de la muerte y la vida, no me parecerá extraordinario ni extraño si hiciese tales acciones; antes bien me acordaré de que el infeliz está necesitado á ello.

XV. Ten presente que, al modo que es una extravagancia el admirarse si la higuera produce higos, asimismo lo es el que uno extrañe si el mundo da de sí lo que lleva de suyo; como sin duda sería también indecoroso al médico el maravillarse de que él mismo tuviese calentura ó al piloto de que le hiciese viento contrario.

XVI. Recuerda que igualmente te es libre el mudar de parecer y el seguir el aviso de quien te corrija, porque tuya es la obra, procediendo conforme á tu intención y resolución, además de que se lleva á cabo según tu beneplácito.

XVII. Si esto depende de tu arbitrio, ¿por qué lo haces? Y si de otro, ¿contra quién las has? ¿contra los átomos, ó contra los dioses? Uno y otro es una locura, no debiendo enojarte contra nadie; porque si puedes, enmienda la cosa; pero si no te fuere posible, ¿qué utilidad sacas de irritarte? Y más no debiendo hacer nada en vano.

XVIII. De todo cuanto muere ó perece, nada sale fuera del mundo; pues si permanece aquí y se transmuta, igualmente se disuelve aquí mismo en los propios principios, que son los elementos del mundo y también los tuyos, los cuales no murmuran, sin embargo de su mutación.

XIX. Cada cosa nació con algún destino: por ejemplo, el caballo, la vid. En esto, ¿de qué te admiras? Pues también el sol y los otros dioses nacieron destinados para algún misterio. Según eso, tú, ¿para qué naciste? ¿Acaso para vivir entre placeres? Reflexiona un poco si esto lo sufre la buena razón ó común inteligencia.

XX. La naturaleza tiene su mira y designio en cada cosa, no menos por lo que toca al fin y paradero de la misma que por lo que pertenece á su principio y duración, como el que, arrojando la pelota, pone su cuidado en la buena jugada. ¿Pues qué bien ó utilidad resulta á la pelota echándola alto, ó qué pérdida sacándola bajo y aun cayendo en tierra? Mas ¿qué interés percibe la ampolla permaneciendo hinchada sobre el agua, ó qué daño recibe deshaciéndose? Lo mismo puede decirse del candelero, *que nada gana encendido ó pierde apagado.*

XXI. Da una vuelta al cuerpo y contempla qué es, qué será cuando haya envejecido, enfermado y muerto; estando también en la inteligencia de que es corta la vida de quien elogia y del que es celebrado; de quien honra y del que es memorable; además de que esto se hace y queda en el rincón de este clima, en donde no todos concuerdan en los elogios ni aun uno suele ir acorde consigo mismo.

XXII. Pon tu atención en lo que tuvieres entre manos, sea un dogma, una acción ó una palabra. Con razón llevas tu merecido, porque quieres más dilatar á mañana el ser bueno.

XXIII. ¿Hago alguna cosa? La ejecuto refiriéndola al bien de los hombres. ¿Me sucede algún trabajo? Lo recibo consagrándolo á los dioses y atribuyéndolo á la fuente común, de la cual trae su origen cuanto se hace en el universo.

XXIV. ¿Qué juicio formas del baño y qué te presenta á la vista? Aceite, sudor, asquerosidad, agua y viscosidad: todo causa hastío. Una cosa tal viene á ser cualquiera parte de la vida y todo lo que percibimos por los sentidos.

XXV. Lucila dió sepultura á Vero, y después fué sepultada Lucila; Segunda la dió á Máximo, y después no faltó quien la diese á Segunda; Epitynchano vió morir á Diótimo, y después murió Epitynchano; Antonino hizo las exequias á Faustina; otro se las hizo á Antonino; Celer sobrevivió á Adriano, y después falleció Celer: así sucede con todas las cosas. ¿Y en dónde paran ahora aquellos ingenios agudos, aquellos astrólogos judiciarios, aquellos hombres engreídos? Digo ingenios agudos, por ejemplo, un Xierace, un Demetrio el Platónico, un Eudemón, y si algún otro hubo de esta clase: todos fueron de breve duración y tuvieron su fin tiempo há, no quedando memoria de los unos dentro de poco; pasando los otros á ser una fábula y algunos ya no se cuentan entre las fábulas. Convendrá, pues, acordarte de esto, porque será forzoso, ó que venga á desunirse ese tu compuesto, ó que se extinga el espíritu, ó si no, que mude de habitación y vaya á situarse en otra parte.

XXVI. La verdadera complacencia de un hombre consiste en hacer lo que es propio del hombre, y más siendo privativo de éste la benevolencia para con los que son de su mismo linaje, el desprecio de los movimientos sensuales, el discernimiento de las ideas probables, la contemplación de la naturaleza del universo y de lo que se hace conforme á la misma.

XXVII. Cada cual tiene en sí tres géneros de dependencia y correlación: una, para con la causa que nos circunda, ó sea el cuerpo; otra, para con la causa divina; y la tercera, para con nuestros contemporáneos.

XXVIII. El dolor, ó es pernicioso al cuerpo, y en ese caso que él mismo lo demuestre y se queje de él, ó puede ser infausto al alma; pero ésta tiene en su mano el conservar su quietud y serenidad, y no opinar que el dolor sea mal, porque todo juicio, afecto, apetito y aversión está en lo interior del alma, adonde no llega mal alguno.

XXIX. Borra esos desvaríos de tu fantasía, diciéndote de continuo á ti mismo: al presente pende de mí el que en mi alma no haya vicio alguno ni mal deseo, ni absolutamente alguna perturbación; antes bien, mirándolo todo como es en sí, puedo usar de cada cosa según su mérito lo pidiere.

XXX. Así en público senado como privadamente con cualquiera otro individuo, conviene hablar con modestia y compostura, debiéndose usar del razonamiento más sano y natural.

XXXI. La corte de Augusto, su mujer, su hija sus nietos y entenados, la hermana, Agrippa, los parientes y domésticos, los amigos, Ario, Mecenas, sus médicos, sus arúspices; en fin, toda la corte murió. Pásate después á otros, no considerando la muerte de cada hombre en particular, sino una descendencia entera, como la de los Pompeyos, ni olvidándote de lo que suele escribirse sobre los sepulcros: *El último de su linaje.* Y luégo piensa para contigo con cuánto cuidado y solicitud habrán vivido sus antepasados por ver si podían dejar un sucesor, como si al cabo no fuese preciso que alguno haya de ser el último. En fin, reflexiona inmediatamente sobre el exterminio de toda una nación.

XXXII. Es necesario arreglar la vida en cada una de las acciones, y darse por satisfecho si cada una tiene la perfección que la corresponde y es posible; en la inteligencia de que ninguno puede impedirte el que tu acción reciba el grado de bondad que la es debido. Mas ¿si lo impidiese alguna causa exterior? No sería tal para obrar con justicia, prudencia y juicio. ¿Y si acaso se opusiese alguna otra cosa á la facultad operativa? Pero con la resignación en el mismo obstáculo, y con la prudente adhesión á lo que se presentare, al instante se sustituirá otra acción que sea conforme al buen orden de vida.

XXXIII. No te engrías por los bienes recibidos, ni muestres repugnancia en dejarlos.

XXXIV. Si has visto alguna vez una mano arrancada, ó un pie, ó la cabeza cortada y puesta en algún lugar aparte de lo demás del cuerpo, del mismo modo hace consigo cuanto es de suyo cualquiera que no se conforma con lo acaecido, y se separa á sí mismo ó ejecuta algo no conducente á la sociedad. Y tú, en cierta manera, te excluiste de aquella unión característica de la naturaleza, porque habías nacido miembro de ella, y ahora te dividiste á ti mismo; sin embargo, de tal suerte se dispuso eso, que puedes reunirte otra vez con ella siendo así que Dios á ninguna otra dió esta facultad, de que, cortada y separada, se incorporase de nuevo con su todo. Por tanto, considera la bondad con que Dios honró al hombre, habiéndole puesto en su mano el que no se separase de todo punto del universo, y que, segregado, fuese árbitro de restituirse nuevamente y coadunarse, como también de recuperar el puesto y orden que había tenido.

XXXV. Al modo que cada uno de los racionales participó casi todas las facultades de la naturaleza universal, así también recibimos de la misma esta otra; pues de la manera que aquélla convierte en su uso todo lo que se la opone y resiste, colocándolo en el orden-de su destino y haciéndole su parte, de la misma suerte el hombre puede hacer que todo el obstáculo le sea materia de virtud, y valerse del mismo.

XXXVI. No te conturbe la imaginación representándote los sucesos de toda tu vida, ni consideres á un tiempo qué infortunios es verosimil que te sobrevengan; antes bien pregúntate en cada uno de los presentes acontecimientos: ¿qué mal hay en esto que no sea tolerable y llevadero? Además de esto, haz de nuevo memoria que ni lo venidero ni lo pasado te es gravoso, sino lo que siempre está presente; y aun esto se disminuirá si tú, ciñéndolo dentro de sus propios límites, das en cara á tu alma, caso que no pueda hacer frente á cosa tan leve.

XXXVII. ¿Por ventura Panthea ó Pérgamo subsisten todavía asidos al sepulcro de Vero? ¿Acaso Xabrias ó Diótimo permanecen aún junto al de Adriano? Sería una ridiculez Pues qué, si éstos estuviesen allí fijos, ¿lo habían de advertir los otros? Y puesto que lo advirtiesen, ¿se habían de consolar? Y dado caso que se consolasen, ¿habían esos de ser inmortales? Pues qué, ¿á éstos no les estaba decretado primero la vejez, para que al cabo se hiciesen viejos y después muriesen? Y luégo que esos hubiesen muerto, ¿qué habían de hacer aquéllos después, y más convirtiéndose todo eso en hediondez?

XXXVIII. Si puedes ver con perspicacia, observa lo que dice el muy sabio Critón.

XXXIX. En la constitución de una naturaleza racional, no contemplo virtud alguna que se oponga á la justicia; pero veo bien que la virtud de la continencia se opone al deleite.

XL. Si depones esa tu sospecha cerca de lo que al parecer te causa el sentimiento, al punto tú mismo te pondrás á cubierto de toda molestia. ¿Quién es ese tú mismo? La mente. Pero yo no sólo soy mente. Está muy bien: la mente, pues, que no se aflija ni se tome cuidado; y si alguna otra cosa te diere pena, que piense lo mismo.

XLI. El obstáculo que impide el sentimiento, es un mal de la naturaleza sensitiva; y si no deja obrar el apetito, igualmente es un mal de la misma; del mismo modo es impeditivo cualquiera otro que se opone y es mal corporal; y así será mal intelectual lo que no deje obrar al espíritu; todo esto aplícatelo. ¿Te asalta el dolor ó te incita el deleite? El sentido se estará á la mira. ¿Te sobrevino algún embarazo el emprender la acción? si la emprendías sin ninguna excepción, ya en esto estaba el daño de tu naturaleza racional; pero si comprendías la reserva ordinaria, no por eso has recibido mal ni has sido impedido; siendo cierto que ninguna otra cosa acostumbra impedir las acciones propias del espíritu; porque á éste no le llega ni el fuego, ni el hierro, ni el tirano, ni la infamia, ni cosa alguna, cuando él se hubiere hecho á manera de una esfera y quedare bien redondeado.

XLII. No tengo por justo darme á mí mismo que sentir, puesto que yo jamás he dado voluntariamente que sentir á otro.

XLIII. Unos reciben complacencia de ciertas cosas, otros de otras; pero yo me deleito si tengo el espíritu sano, sin aversión á hombre nacido y sin repugnancia en cosa alguna que acontezca á los hombres; antes bien, mirándolo todo con buenos ojos, recibiéndolo y haciendo uso de cada cosa, según fuere su mérito.

XLIV. Mira que todo ese tiempo se te ha concedido gratuitamente. Los que intentan con eficacia conseguir la gloria póstuma, no se hacen cargo de que han de ser otros tales cuales son esos á quienes llevan con impaciencia, siendo unos y otros mortales. En suma: ¿qué se te daría á ti de que te hiciesen odioso con semejantes dichos, ó formasen de ti igual concepto?

XLV. Cógeme y échame donde quieras porque allí tendré mi genio plácido, ó sea deidad propicia; esto es, quedará mi espíritu satisfecho, con tal que tenga y haga lo que es correspondiente á su estado. Pues qué, eso *de ser llevado á otra parte* ¿merece la pena de que por ello mi alma lo pase mal y se haga de peor condición, abatiéndose y entregándose á sus deseos, confundiéndose y llenándose de consternación?

XLVI. Á ningún hombre puede sucederle

cosa que no sea un acontecimiento humano; nada al buey, que no sea peculiar al buey; nada á la vid, que no corresponda á la vid; nada á la piedra, que no sea propio de la piedra. Ahora, pues, si á cada uno acontece lo que es costumbre y natural, ¿por qué te enfadas, puesto que la común naturaleza no te cargará con peso que te sea insoportable?

XLVII. Si te contristas por alguna cosa exterior, no es ella la que te conturba, sino el propio juicio formado de la misma; si bien tienes en tu mano el abolirlo al instante. Mas si te da cuidado lo que pende de la disposición de tu espíritu, ¿quién te impide rectificar tu opinión? No obstante, si te afliges á causa de que no haces esto ó el otro, pareciéndote recto, ¿por qué no eliges antes hacerlo que afligirte? Pero *dices:* me lo estorba un impedimento superior; luego no te mortifiques, supuesto que no tienes la culpa de que no se haga la cosa. Pero *replicas:* no soy acreedor á vivir no haciendo la tal cosa; según eso, sal de la vida con tranquilidad, como se saldría el que hubiese hecho su gusto, permaneciendo al mismo tiempo de buen ánimo para con los que se oponían á tus intentos.

XLVIII. No olvides que la parte principal del alma se hace inexpugnable cuando, recogida dentro de sí, se contenta no haciendo lo que no es de su gusto, aunque se oponga sin motivo ó por mero capricho. Pues ¿qué será cuando, gobernada por la razón, resuelve con prudencia alguna cosa? Por esto el alma libre de pasiones es como un alcázar; y realmente el hombre no tiene lugar más seguro. Quien, pues, no ha visto este alcázar, es un ignorante; y quien habiéndolo visto no se ampara en él, es un desdichado.

XLIX. Cuenta solamente con lo que las primeras ideas te representan. ¿Te dieron la noticia de que fulano habla mal de ti? Participósete esto, pero no dijeron que habías recibido agravio. ¿Veo que enferma el niño? Miróło, mas no contemplo que peligre su vida. Detente, pues, siempre de esta suerte en las primeras representaciones, sin que añadas otra cosa en tu interior, y no te sucederá cosa sensible; ó antes bien añade alguna reflexión como quien conoce á fondo la naturaleza de cuanto acaece en el mundo.

L. El pepino es amargo, déjalo; hay zarzas en el camino, desvíate y basta. No prosigas diciendo: ¿á qué fin se hicieron estas cosas en el mundo? De otra suerte serás la irrisión de un hombre perito en la física, como sin duda serás despreciado de un carpintero y de un zapatero culpándoles porque ves en sus oficinas las aserraduras y retazos de lo que trabajan, sin embargo de que tienen donde arrojarlos; dando por supuesto que la naturaleza del universo nada tiene fuera de sí; pero lo más primoroso de su arte consiste en que ella, no saliendó de sus límites, convierte en sí misma cuanto se corrompe dentro de sí, se envejece, y, al parecer, es ya casi inútil, y en que de esto mismo después fabrica otras cosas nuevas, sin que se valga de otra materia extraña, ni necesite sitio donde eche lo corrompido; por eso se halla satisfecha con su propio lugar, con su misma materia y propia facultad.

LI. No debe uno ser lento en sus acciones ni en las conversaciones entrometido; no andar vagando con la imaginación, ni en un todo estrechar el ánimo violentamente ó alegrarse con exceso, ni en el curso de la vida enredarse con muchos negocios. Ya te maten y provoquen con maldiciones, ¿impide eso conservar tu alma pura, sabia, prudente y justa? Porque si alguno, estando junto á una fuente cristalina y dulce, la maldijese, no por eso ella cesaría de manar una bebida saludable; y aunque la echase cieno y estiércol, al momento lo separaría, y de ningún modo se ensuciaría. Pues ¿cómo podrás tener un perenne manantial y no un pozo? Si con el continuo uso te hicieres natural la libertad con la igualdad de ánimo y modestia.

LII. El que no sabe que hay un mundo, ignora dónde se halla él mismo; el que no conoce para qué fin nació, no advierte quién es él mismo, ni qué cosa es el mundo; el que carece de una de esas noticias, tampoco podrá decir con qué motivo vino al mundo. Ahora, pues, ¿cuál te parece será el que huye los vituperios, ó pretende los vanos aplausos de los hombres que no tienen noticia en dónde están, ni quiénes son?

LIII. ¿Quieres ser alabado de un hombre que tres veces cada hora se maldice á sí mismo? ¿Deseas agradar á un hombre que no se satisface á sí mismo? ¿Y se complace á sí mismo el que se arrepiente de cuanto hace?

LIV. En adelante no cuides sólo de ir á una con el aire que te rodea y sostiene, sino que también debes conformarte con la mente universal que lo abraza y conserva todo; porque esta virtud intelectiva no menos se difundió por todas partes é introdujo en quien puede atraerla que lo aéreo en quien es capaz de respirarlo.

LV. La maldad, en general, nada daña al común del universo, y en particular ningún mal hace á otro alguno; siendo solamente nociva á quien pudo eximirse de ella.

LVI. La voluntaria resolución de mi prójimo es igualmente indiferente á mi libre determinación, como lo es su espíritu y cuerpo; y aunque en realidad los unos hemos nacido principalmente por causa de los otros, no obstante, cada uno de nuestros espíritus tiene su propio albedrío; que á no ser así, la maldad de mi prójimo vendría á ser mía también.

LVII. El sol parece que está difundido, y en realidad se halla extendido por todas partes, sin que pierda nada de su luz, porque esta su difusión es una extensión solamente; y así sus luces se llaman rayos, del griego *ecteinein, extenderse*. Verías, sin duda, lo que es un rayo, si observases la luz del sol que por algún estrecho agujero entra en alguna casa oscura; porque va derechamente y de la manera que reverbera en cualquiera cuerpo opaco que se le oponga, quitándole la comunicación del aire contiguo; se para allí mismo sin haber deslizado ni caído. Tal, pues, conviene que sea la soltura y dilatación del pensamiento, y de ningún modo una distracción, sino una extensión, con que no haga una violenta y precipitada impresión contra los impedimentos que ocurran; ni menos debe la mente desbarrar, sino pararse y aclarar cuanto hubiere percibido. Y en verdad que se privará á sí mismo de esta luz el que no quisiere admitirla.

LVIII. El que tiene miedo á la muerte, ó teme la insensibilidad, ú otro género de sentimiento. Pero si quedare absolutamente sin sentido, no percibirá mal alguno; y si hubiere adquirido otra especie de sensibilidad, se transformará en otro animal y no cesará de vivir.

LIX. Los hombres han sido hechos unos por causa de otros. Tú, pues, enséñales ó súfreles.

LX. De un modo se dirige la saeta, de otro se conduce la mente; ésta, en realidad, ya cuando huye con motivo justo, ya cuando se convierte á la contemplación, no menos camina derechamente que si fuese á dar en el blanco.

LXI. Procura entrar en la mente de cada

uno, y permite á otro cualquiera que se introduzca en la tuya propia.

LIBRO NOVENO

I. Quien peca contra justicia, comete una impiedad; porque habiendo la naturaleza del universo hecho á los hombres con la mira de que se dieran un socorro mutuo, de suerte que, ayudándose unos á otros según su mérito, no se hiciesen entre sí mal alguno, sin duda el que traspasa esta voluntad, obra impíamente contra la más principal de las deidades, puesto que la naturaleza universal lo es de lo existente, y lo que realmente subsiste tiene una estrecha correlación con todo lo que es más principal. Á más de esto, la misma naturaleza se llama también verdad, y es la primera causa de todo lo que es verdadero. De aquí es que quien miente por su gusto, peca contra piedad, en cuanto hace una injusticia engañando á otro; y que quien, mal de su grado, miente, también es impío, en cuanto no se conforma con la naturaleza universal, y no cumple con su deber oponiéndose á la naturaleza del mundo, porque va siguiendo el partido contrario á la verdad; pues habiendo despreciado los auxilios que antes había recibido de la naturaleza, no le es posible ahora el discernir lo falso de lo verdadero. Igualmente es fálto de piedad el que va en pos del deleite como de un verdadero bien, y huye del dolor como de un mal verdadero, porque será necesario que frecuentemente impropere á la naturaleza común, como que sin justicia ha distribuído alguna cosa entre malos y buenos, á causa de que muchas veces los malos abundan de placeres y tienen medios que se los pueden facilitar; y al contrario, los buenos se ven rodeados de disgustos, y suelen encontrarse con motivos que son su causa. Además de eso, el que teme los disgustos, alguna vez tendrá miedo á lo que acaecerá en el mundo, lo cual ya es una impiedad; y el que busca los placeres, no se irá á la mano en hacer alguna injuria, lo que evidentemente también es impiedad. Respecto de aquellas cosas en que se muestra indiferente la naturaleza común (pues no hubiera producido las unas ni las otras, si no se manifestara uniforme en ambas), es necesario que estén con igualdad de ánimo los que quisieren seguir á la naturaleza manteniéndose conformes. De donde se ve claramente cómo es reo de impiedad cualquiera que de por sí no se mostrare indiferente cerca de los disgustos ó placeres, ó de la muerte y la vida, ó de la gloria é infamia, de que no hace distinción la naturaleza universal. Y entiendo que la naturaleza común usa indistintamente de éstas, por lo mismo que suceden con proporción y según la serie de lo que se está produciendo, y va sucediendo atento aquel primer impulso de la providencia, con el cual, desde el principio, se propuso la naturaleza y emprendió la perfección de este presente sistema; habiendo antes concebido en su mente cierta idea de lo futuro, y discernido las virtudes productoras de las existencias, mutaciones y de las sucesiones.

II. Sin duda es propio de un varón muy perfecto el salirse de entre los hombres sin haber tenido complacencia en la falacia, ni en todo género de ficción, en el lujo, ni en la soberbia. Sería, pues, el segundo grado de felicidad que, estando harto de estas cosas, quisiese antes morir que elegir el vivir de asiento en el seno de la maldad. ¿Y es posible que ni aun la experiencia te persuada de que huyas de la peste? Pues la corrupción del espíritu es peste ciertamente más nociva que la destemplanza é infección del aire á nuestro rededor esparcido; porque ésta es peste de los vivientes en cuanto son animales, pero aquélla lo es de los hombres en cuanto son racionales.

III. No desprecies la muerte, antes bien recíbela con gusto, como una de las cosas que quiere la naturaleza. Porque es tal y tan natural el separarse el alma del cuerpo como ser uno jóven y envejecerse, crecer y estar en la flor de la edad; salir los dientes, la barba, las canas; engendrar, estar en cinta, parir y otros efectos naturales que las varias edades de la vida llevan de suyo. Según esto, es propio de un hombre dotado de razón no descarse la muerte temerariamente, ni correr con ímpetu hacia ella, ni despreciarla con orgullo, sino esperarla como una de las otras consecuencias naturales, y á la manera que tú ahora aguardas á que el embrión salga del vientre de tu mujer; á ese modo debes esperar aquella hora en que tu alma saltará de la cárcel del cuerpo. Pero si quieres un remedio vulgar, te servirá principalmente para estar de buen ánimo tocante á la muerte la consideración hecha acerca de los objetos de que te habrás de ausentar, y el que no tendrá ya tu alma que mezclarse más *ni luchar* con tales costumbres. Porque, si bien es verdad que de ningún modo conviene chocar ni ofenderse de los que las tienen, sino mirarlos con amor y llevarlos con paciencia, será útil el acordarte de que, muriéndote, te verás libre de unos hombres que no concuerdan contigo en las máximas. Pues sólo esto, si acaso fuese dable, contendría á uno y mantendría en la vida si se le concediese el vivir en compañía de hombres que siguiesen unos mismos principios. Pero tú bien ves ahora cuánta molestia se origina de la discordia de opiniones entre aquellos con quienes se vive; de suerte que se halla uno precisado á decir: ¡Oh muerte, ven cuanto antes, no sea que yo me olvide de mí mismo!

IV. El que peca, se engaña á sí mismo; el que obra injustamente, á sí propio se perjudica haciéndose á sí mismo malo.

V. Muchas veces, no sólo peca contra justicia el que nada hace, sino también el que hace algo.

VI. Bástale á uno el que presentemente tenga un juicio comprensivo de su deber, el que haga la acción que tenga entre manos en bien de la sociedad, y el que su presente disposición de ánimo sea tal que se contente con todo aquello que proviene de la primera causa.

VII. Purifica tu fantasía, reprime tu apetito, apaga ese deseo, conduciendo todo para mantener tu espíritu libre.

VIII. Una es el alma sensible que está distribuída entre los animales que carecen de razon, una es el alma inteligente que está repartida entre las sustancias racionales, al modo que también es una la tierra de todas las sustancias terrenas, y vemos con una luz y respiramos un mismo aire.

IX. Cuanto participa de alguna razón común se apresura á unirse con lo que es de su género: todo lo terreno se inclina hacia la tierra; todo lo húmedo corre hácia lo que fluye; lo aéreo va á unirse igualmente con el aire; tanto, que es menester poner algo de por medio que con violencia lo separe. Se sube arriba el fuego, por estar en lo alto el fuego elemental; hallándose de tal suerte pronto para pegarse acá con cualquiera otro fuego, que toda materia, por muy poco seca que esté, se encuentra bien dispuesta á concebir la llama, por estar menos mezclada con lo que pueda impedir su incendio. Y así, todo lo que participa de una misma naturaleza intelectual, del mismo modo, ó con más aceleración, se da prisa para llegar á lo que es de su género; porque cuanto es más aventajado que las otras cosas, se halla tanto más dispuesto á incorporarse y adunarse con su igual. Examinándolo, pues, con recto orden, entre los irracionales se encuentran enjambres, rebaños, crías de pollos, y unos como amores; porque desde luégo se ve en éstos una misma alma, y en lo más noble existe con más extensión aquella fuerza de unión, cual no la tienen las plantas, ni las piedras, ni los leños. Entre los racionales se hallan amistades, familias y comunidades; y en tiempo de guerra, confederaciones y suspensión de armas. Entre aquellas sustancias que son más perfectas, aunque en algún modo disten entre sí, subsiste cierta unión como la de los astros; de suerte que el mayor grado de bondad sobre lo perfecto pudo conciliar entre ellos mismos, por separados que se hallen, esta gran simpatía. Ve, pues, ahora, lo que pasa: que solas las sustancias inteligentes no reconocen, al presente, esta mutua afición y recíproco asenso; en ellas solas no se ve esta conspiración de voluntades; mas sin embargo de que pretendan huir, se verán coger por todas partes, porque siempre vence la naturaleza. Y tú comprenderás ser así, observando lo que yo digo. En efecto, más fácilmente uno hallaría algún cuerpo terreno sin tocar en nada de lo que es tierra, que un hombre segregado enteramente de todo otro hombre.

X. Lleva su fruto el hombre, lleva el suyo Dios y el mundo, y cada uno de ellos lo da á su tiempo y sazón. Y aunque el uso común de hablar ha contraído principalmente esta locución á la vid y otras plantas semejantes, esto nada es contra lo que decimos. La razón lleva también su fruto, que, siendo común á todos al mismo tiempo, es peculiar de ella; y de la misma nacen otros frutos tales como la razón.

XI. Si puedes, enseña de nuevo *al que peca;* si no te es posible, recuerda que á este fin se te dió la clemencia, y que aun los mismos dioses se muestran benignos con tales personas, y en ciertas cosas también les dan la mano, ayudándoles en lo que mira á la salud, á la riqueza y á la gloria; tan buenos son como todo eso; tú puedes hacer otro tanto; y si no, dime, ¿quién te lo impide?

XII. Sufre el trabajo, no creyendo que por esto seas un infeliz, ni pretendiendo de esta suerte que te compadezcan ó te admiren; antes bien apetece una sola cosa, que es tomar la fatiga y desistir de ella como y cuando lo exige la razón de Estado y bien público.

XIII. Hoy me eximí de toda molestia, ó, por mejor decir, sacudí de mí todo enfado, visto que el mal no estaba fuera, sino en mi interior.

XIV. Todas las cosas son siempre unas mismas, por la experiencia sabidas, de breve duración en el tiempo y en la materia asquerosas; tales ahora todas como eran en tiempo de aquellos que hemos sepultado.

XV. Las cosas están *para nosotros* como de puertas afuera metidas dentro de sí mismas, sin que sepan nada de sí ni declaren á nadie *lo que son:* luego ¿quién da noticia de ellas? La mente.

XVI. El bien y el mal de un viviente racional y sociable no consiste en los afectos *que percibe*, sino en las accciones *que ejecuta;* así como su virtud y vicio no está en lo que padece, sino en lo que hace.

XVII. Á la piedra arrojada á lo alto, no la perjudica el caer ni el subir.

XVIII. Recorre por dentro las almas de los hombres, y verás qué jueces temes.

XIX. Todas las cosas están siempre mudando; tú mismo te hallas también en una continua alteración y corrupción de alguna de tus partes.

XX. No propales el pecado de otro.

XXI. No es mal la intermisión de una obra, ni la suspensión del deseo ú opinión, aunque sean en cierto modo una muerte. Repasa las edades de tu vida, por ejemplo, la niñez, la puericia, juventud y vejez, porque también la mutación de todas éstas es una especie de muerte. Y en eso, ¿qué daño hay? Vuelve al mismo tiempo á dar una vista á la vida que pasaste bajo el poder de tu abuelo, después bajo el de la madre y luégo bajo el del padre, y, encontrándote con otras muchas diversidades, mutaciones é interrupciones, pregúntate: ¿qué mal hubo en todas ellas? Pues de este modo podrás inferir que el fin, el término y la entera mutación de toda tu vida no es mal alguno.

XXII. Da una vuelta por tu misma mente, por la del universo y de tu prójimo: por la tuya, para que la puedas hacer justa; por la del universo, para que reflexiones de quién eres parte; por la del prójimo, para que sepas si peca por ignorancia ó por malicia y al mismo tiempo te hagas cargo que no deja de ser tu pariente.

XXIII. En la conformidad que tú mismo debes llenar tu lugar en el estado político *del mundo*, así también conviene que todas tus acciones ocupen el suyo en la vida civil y sociable; pues cualquiera de tus hechos que ó de cerca ó de lejos no tenga la relación debida al fin común, de suyo trastorna la vida y no permite que sea uniforme, siendo antes bien causa de alboroto, como lo es en el pueblo el que separa de la común armonía á los que son de su facción.

XXIV. Contiendas y juegos de niños *son lo que pasa entre los hombres; y éstos son* ciertas almas pequeñas, que sobre sus hombros llevan unos muertos; de suerte que así puede representársenos lo de la Necya *de Homero*.

XXV. Acércate á ver la cualidad de la forma, y, separándola de la materia, contémplala atentamente; después ponte á determinar el tiempo que á todo más podrá naturalmente subsistir la sustancia así formada y dispuesta.

XXVI. Has tenido mil cosas que sufrir á causa de no hallarte satisfecho de tu alma, haciendo ella lo que correspondía á su natural estado. Pero baste ya; *no incurras más en esa falta.*

XXVII. Cuando otros te vituperaren ó te aborrecieren, ó profirieren contra ti cosas de esta clase, éntrate por el alma de esos tales, penetra su interior y mira quiénes son al cabo; verás que no conviene angustiarte por lo que ellos piensen *y digan* de ti, antes bien es razón tenerles buena ley, siendo realmente tus amigos por naturaleza. Á más de que también los dioses les favorecen de todos modos, ya por medio de sueños, ya por medio de oráculos, aun en aquellas cosas en que van desatinados.

XXVIII. Las cosas del mundo son siempre las mismas en sus vueltas orbiculares, de arriba á abajo, de siglo en siglo. Esto supuesto, ó la mente del universo da su impulso respectivo á cada uno de los efectos, en cuyo caso acepta tú lo promovido por ella, ó de una vez dió el ímpetu general *á la naturaleza*, al cual, por consecuencia natural, se sigue todo lo demás, viniendo al cabo á formar un sistema, *ó sea una serie encadenada de sucesos;* ó si no, se habrá de recurrir á los átomos ó cuerpos indivisibles, *como á principios del universo.* Por último, si hay algún dios, todo va bien; y si sucede todo fortuitamente, no debes tú obrar con temeridad, habiendo de cubrirnos dentro de poco la tierra, la cual después se convertirá en otra cosa; y ésta, procediendo al infinito, se mudará en otra; y aquélla, segunda vez en otra, sin acabar jamás. Á la verdad, el que considerare el flujo y reflujo de estas mudanzas y alteraciones, junto con su rapidez, fácilmente despreciará todo lo perecedero.

XXIX. La causa y naturaleza universal lo arrastra todo á manera de un torrente impetuoso. Pero ¡cuán despreciables son estos políticos que, según su parecer, obran filosóficamente estando llenos de presunción! Haz tú alguna vez, ¡*oh buen* hombre!, lo que ahora exige de ti la naturaleza, *y déjalos*. Manos á la obra mientras hay lugar para ello, y no mires alrededor. No esperes ver *establecida* la república de Platón; antes bien conténtate con que se promueva un poco *la utilidad pública*; ni pienses ser poco fruto de tu trabajo este pequeño progreso. ¿Quién, pues, es capaz de hacer mudar á estos hombres de opinión y modo de pensar? Ó sin que ellos muden de máximas, ¿qué otra cosa te puedes prometer que una servidumbre de quien gime y aparenta obedecer? Vé ahora, y tráeme por modelo á un Alejandro, á un Filipo y á un Demetrio Falereo; ellos se lo verán si han sabido lo que la común naturaleza quería, y si se gobernaron por su dirección; porque si fueron unos meros representantes, ninguno me obliga á imitarles. La profesión de la filosofía es sencilla y digna de veneración.

XXX. Haz por contemplar como desde lo alto la infinidad de rebaños, las innumerables ceremonias en los sacrificios, todo género de navegaciones, ya en tiempo de borrasca, ya en tranquilidad, y la diversidad de cosas pasadas, presentes y que acaban de suceder. Considera la vida que antiguamente se pasó bajo el imperio de otros también; la que se observará después del tuyo, y la que al presente se hace entre las naciones bárbaras. *Reflexiona*, igualmente, cuántos hay que ni menos tienen noticia de tu nombre; cuántos te olvidarán muy presto; cuántos quizá de los que presentemente te alaban, muy en breve te vituperarán, y *verás* cómo ni la memoria ni la fama es digna de estimación.

XXXI. En lo que proviene de causa exterior, es necesaria la serenidad de ánimo; y en lo que nace de un principio interior, es muy del caso la justicia; es decir, que la intención y la acción tengan sólo por único objeto hacer bien.

XXXII. Muchas cosas superfluas que turban tu paz interior podrás cercenarlas consistiendo todas en tu modo de opinar, y desde luégo conseguirás un campo más ancho al desahogo de tu espíritu, con abarcar en tu mente todo este mundo, con traer á la memoria el siglo en que vives, con meditar la pronta mutación de cada cosa en particular, reflexionando cuán breve espacio media desde su principio hasta su ruina, cuán inmenso fué el tiempo que pasó antes de su generación y cuán infinita igualmente será la eternidad que sucederá después.

XXXIII. Todo cuanto ves perecerá brevemente, y los que lo ven fenecer también perecerán; entonces quedará igual el que fallece al último de su vejez con quien muere en agraz.

XXXIV. Considera las pequeñas almas de los hombres desnudamente; cuál es su espíritu, en qué cosas han puesto su afición, y por qué motivos se irritan contra otros ó los honran; cuánta es la vana estimación de sí mismos cuando determinan perjudicar á alguno vituperándole, ó favorecerle haciéndose lenguas de él.

XXXV. Cualquiera pérdida no es otra cosa que una mutación; en esto tiene sus delicias la naturaleza universal, que todo lo hace perfectamente. Del mismo modo ha sido siempre, y eternamente sucederá otro tanto. Pues ¿por qué dices que desde el principio se hizo todo malamente, y que también irá mal todo en lo sucesivo? ¿Acaso entre tantos dioses no se halló jamás fuerza alguna que corrigiese este desorden, sino que el mundo se ha visto condenado á estar envuelto en males interminables?

XXXVI. Observa que la pútrida materia que en cada cosa sirve de base, viene á ser agua, polvo, huesecillos y sordidez; si no, repara de nuevo que los mármoles son unos callos de la tierra; el oro y la plata, heces de la misma; el vestido no es más que un tejido de pelos; la púrpura no es otro que un poco de sangre de cierta especie de concha; también el alma del universo es otra tal, que gusta de andar mudándose de unos cuerpos en otros.

XXXVII. Basta ya de vida llena de calamidades, lamentos y fingidas adulaciones. ¿Por qué te turbas? ¿qué cosa de éstas te llega de nuevo? ¿qué te saca de juicio? ¿acaso la forma? vela ahí, mírala bien; ¿por ventura la materia? aquí está, examínala á fondo; fuera de esto, nada más hay. Pero ya es tiempo que alguna vez seas más sincero y de mejor correspondencia con los dioses, siendo lo mismo el haber inquirido semejantes cosas por cien años ó por tres.

XXXVIII. Si es que alguno ha delinquido, en eso está su mal; pero quizá no pecó; *y así, suspende el juicio.*

XXXIX. Ó todo cuanto dimana de un principio inteligente se comunica después al mundo como á un cuerpo, y en esta suposición no debe parte alguna quejarse de lo hecho en utilidad del universo, ó bien los átomos son la causa principal, y entonces no será el mundo sino una conmixtión y mera dispersión. Pues ¿por qué te aturdes? ¿acaso dices á tu alma que está muerta y corrompida; que dice uno y hace otro; que vive brutalmente y se convierte en fiera?

XL. Ó los dioses no pueden nada, ó pueden

algo; pues si no pueden, ¿á qué fin les ruegas? y si pueden, ¿por qué no les suplicas más bien que te concedan el no temer algunos de estos *que se llaman males*, el no desear alguno de estos *que se reputan por bienes*, el no sentir pena en alguna de estas *que se tienen por adversidades*, antes que pedirles que no suceda ó suceda alguna de estas cosas? Porque si tienen poder absoluto para favorecer á los hombres, también en esto pueden ayudarles. Pero acaso dirás que los dioses pusieron esto en tu mano. ¡Pues qué! ¿no será mejor que te aproveches con entera libertad de lo que tienes á tu mando, antes que, con servidumbre y vileza de ánimo, irte tras lo que no está á tu disposición? ¿Y quién te dijo que los dioses no nos dan ayuda en lo que depende de nuestra libertad? Comienza, pues, á suplicarles estas cosas, y lo verás. Éste les pide: ¿cómo conoceré á tal persona? suplícales tú: ¿cómo haré para no desear el trato con ella? El otro encamina sus ruegos para que le den manera cómo verse libre de tal cosa; pídeles tú: ¿de qué medio me valdré para que no sea necesario el libertarme de ella? El de más allá hace sus súplicas para que no se le muera su hijo; pídeles tú: ¿cómo haré para no temer el perderlo? En suma: haz en esta forma tus oraciones y dirígelas á ese fin, y observarás cuánta utilidad te redunda.

XLI. Dice Epicuro: Yo, en mis enfermedades, no empleaba mis discursos sobre aquellos males que padecía en mi cuerpo, ni introducía tales pláticas, afirma él mismo, con los que me visitaban; sino que lo pasaba examinando físicamente las causas que habían antecedido á mis indisposiciones; dedicándome también más particularmente á ver cómo mi alma, participando de los movimientos y dolores del cuerpo, permaneciese imperturbable, conservando su propio bien. Ni tampoco me sujetaba, dice, á prevenirme de médicos como quienes pueden algo; antes bien, sin este recurso, la vida se alargaba fácil y felizmente. Haz, pues, lo mismo que aquél en su enfermedad, caso que enfermares y te vieres en cualquier otro estado de aflicción. Porque el no abandonar las máximas filosóficas en cualquier suceso posible, ni el hacer argumentos fútiles á un idiota é ignorante de la naturaleza, es dogma común á toda secta para estar sólo atento á lo que presentemente se hiciere y valerse del instrumento con que lo ejecutare.

XLII. Cuando te vieres ofendido con la insolencia de alguno, pregúntate al instante: ¡Pues qué! ¿es posible que en el mundo deje de haber desvergonzados? No pueden faltar: según eso, no pretendas imposibles, porque ese tal es uno de aquellos insolentes que forzosamente se encuentran en el mundo; y esta reflexión tenla á la mano por lo que mira á un tramposo, á un fementido y á cualquier hombre perverso y malo. Porque lo mismo será acordarte que no puede faltar en el mundo esta maligna raza de hombres, que empezar á estar de mejor ánimo para con cada uno en particular. También es útil que al punto pienses con qué genero de virtud dotó la naturaleza al hombre para evitar tal desorden; por qué dió la mansedumbre, como antídoto, contra el hombre tonto; y contra otro defecto, otra cierta virtud. En suma: tienes en tu mano, el dirigir al prójimo que vivió extraviado; en el supuesto de que todo el que peca yerra el blanco propuesto y anda perdido. Y qué, ¿por eso te hizo daño? Pues no hallarás que alguno de estos contra quienes te irritas haya hecho cosa tal con que tu espíritu se pudiese empeorar; luego sólo consiste tu mal y agravio en ese *juicio errado*. Mas ¿qué mal ó qué cosa extraña es si un ignorante hace lo que es propio de un necio? Mirá tú no sea que con mucha más razón merezcas ser reprendido por no haberte hecho la cuenta de que un hombre tal podía haber faltado en tal cosa, y más que tenías motivos para sospechar que era probable que ese mismo hubiese cometido un delito semejante; y sin embargo de que te has olvidado de eso, te maravillas si el otro delinquió. Lo más principal consiste en que, cuando acuses á uno de infiel é ingrato, te reconvengas á ti mismo, puesto que evidentemente es tuya la culpa, ó bien porque creiste de quien tenía tal disposición, que te guardaría fidelidad, ó bien porque, haciéndole tú una gracia, no se la hiciste puramente con el fin de hacerle bien, ni de manera que en sola la acción de favorecerle ya dieses por percibido todo el fruto y logrado todo tu interés. Y ¿qué más quieres beneficiando al hombre? ¿No te basta esto sólo? ¿No has obrado conforme á tu naturaleza? Y ¿aun de esto mismo pretendes la paga? Esto viene á ser lo propio que si los ojos pidiesen recompensa porque ven, ó los pies porque caminan; pues así como estos miembros fueron hechos con el fin único de que, ejerciendo sus funciones respectivas, tuviesen en eso sólo su premio, del mismo modo el hombre, habiendo nacido para hacer bien, cuando lo hubiere practicado ó de otra suerte hubiere cooperado á la utilidad pública, en esto cumplió con aquello para que fué naturalmente criado, y en ello mismo ya recibió su galardón.

LIBRO DÉCIMO

I. ¿Si llegarás alguna vez, oh alma mía, á ser buena, sencilla, uniforme, sin rebozo y más patente á los ojos de todos que ese cuerpo de que estás vestida? ¿Si al cabo empezarás á tener gusto en la benevolencia y sincero amor para con todos? ¿Si algún día te hallarás satisfecha y sin necesidad de nada, no deseando ni codiciando cosa alguna, ni animada ni menos inanimada para el goce de tus delicias; no apeteciendo tiempo en que puedas disfrutarla más á la larga; no suspirando por país, región, cielo benigno ni compañía de hombres más adaptada á tu genio? ¿Si vivirás contenta con tu presente situación, tendrás placer en el estado actual y te persuadirás de que nada te falta, todo te va bien y viene de la mano de los dioses; que cuanto á éstos pluguiere será bueno; que cuanto dispensaren conducirá á la salud y prosperidad de este mundo animado, de este ser perfecto, bueno, justo, hermoso; *principio* que produce todas las cosas, las contiene, abraza y recoge, para hacer de las mismas, después que se disuelvan, otras semejantes? ¿Si, por último, vendrás á ser tal, que hagas una vida tan conforme con los dioses y los hombres, que no tengas motivo alguno para quejarte de ellos, ni des causa para que ellos te condenen?

II. Observa lo que tu naturaleza exige de ti, en cuanto es dirigida por sólo la naturaleza *vegetativa;* y después hazlo y no lo rechaces, á no ser que se haya de empeorar tu misma naturaleza, en cuanto es sensible. Con igual orden debes observar lo que pretende de ti la naturaleza, considerada como sensible; no rehusando nada de esto, si es que no se ha de seguir menoscabo á tu naturaleza en cuanto racional; y claro está que lo racional también es sociable. Valiéndote de estas reglas, no te dé cuidado lo demás.

III. Todo lo que acontece, ó sucede en tal conformidad que hayas nacido para llevarlo, ó de tal suerte que no seas hombre para tolerarlo. Ahora bien: si acaece de tal modo que puedas sufrirlo naturalmente, no te enfades; antes bien, sopórtalo según alcancen tus fuerzas naturales; pero si sucede de tal manera que no seas capaz de aguantarlo naturalmente, no te molestes por eso, porque después que te haya consumido, también acabará consigo. Con todo ten presente que estás dotado de una virtud natural para llevar todo aquello que en tu modo de opinar consiste el hacerlo soportable, aunque sea insufrible; juzgando, ó que te conduce, ó que es de tu obligación el que así lo hagas.

IV. Si tu prójimo se deslizase, procura amonestarle amigablemente y hacerle ver la fragilidad en que ha incurrido. Pero si no te es posible el reducirle, échate á ti mismo la culpa *de tu poca habilidad*, ó quizá ni aun á ti mismo tendrás por qué echarte culpa alguna.

V. Todo lo que te va aconteciendo se te había dispuesto desde la eternidad, y es que la encadenada serie de causas *fatales*, desde el principio entretejió con tu existencia aquellos acontecimientos.

VI. Ó bien dominen los átomos, ó la naturaleza gobierne todas las cosas, dese por asentado primeramente, que yo soy una parte del universo dirigido por la naturaleza; en segundo lugar, que tengo un cierto vínculo y parentesco con las otras partes que son de mi mismo género. Porque yo, acordándome de esto en cuanto me considere como una parte, no me avendré mal con cosa alguna de las dispensadas por el universo, puesto que no es nocivo á la parte aquello que conduce al todo, ni tampoco el todo tiene cosa que á él mismo no le sea útil. Siendo esto común á todas las naturalezas particulares, las excede la del universo en no verse precisada por causa alguna exterior á producir cosa que sea perjudicial á sí misma. Según eso, con traer á la memoria que soy una parte de tal universo, abrazaré gustosamente todo lo que suceda; y en cuanto me repute con cierta estrecha correlación con las otras partes que son de mi mismo linaje, no ejecutaré nada contra el derecho público; antes bien, miraré por los de mi especie y dirigiré todos mis intentos hacia lo conducente á la utilidad común, y me retraeré de todo lo que sea contrario á este fin. Ejecutando esto así, es necesario que la vida sea feliz, y del modo mismo que si te imaginases la próspera vida de un ciudadano, el cual llevase por delante el poner por obra las acciones convenientes á sus conciudadanos y aceptase con placer el encargo á que le destinare la ciudad.

VII. Es necesario que se corrompan y perezcan las partes del universo, aquellas, digo, que se contienen en el ámbito del mundo; pero esto podrá decirse con más propiedad de su alteración y mutación. Digo yo ahora: si esto, siendo también necesario, fuese al mismo tiempo un mal para aquellas partes, no le iría muy bien al universo cuyas partes estuviesen siempre de muda, y de mil modos dispuestas á su ruina y perdición. ¿Acaso la naturaleza intentó tratar tan malamente á sus mismas partes, haciéndolas tales, que no sólo estuviesen expuestas á incurrir en el mal, sino que por necesidad hubiesen de caer en él; ó le salieron hechas así, sin que lo echase de ver? Uno y otro es inverosímil. Pero si alguno, no tomando en boca el nombre de naturaleza, nos quisiese explicar el enigma con decir que esa es la esencia y condición de las partes, ¿no sería una cosa verdaderamente ridícula que al mismo tiempo que nos dijese ser de esencia de las partes el mudarse, juntamente se maravillase y llevase á mal la mutación, como cosa acaecida contra el orden de la naturaleza? Especialmente siendo también el fin de la disolución, que se vuelvan á los mismos principios de que cada uno constaba. Porque en esto de *parecer las cosas*, ó sólo interviene una dispersión de aquellos elementos, de los cuales se habían compuesto, ó una conversión de la parte sólida en tierra y de la gaseosa en aire; de manera que las cosas sean otra vez restituídas á las razones seminales y principios del universo: ahora sea verdad que éste, después de un cierto período y revolución de años haya de perecer por un incendio, ahora que deba ser renovado con una perpetua serie de sucesiones. Mas no te imagines que lo sólido y gaseoso *de que hablamos* haya durado en cada cosa desde su generación; porque todo esto es cosa de ayer, cosa que, por medio del alimento y respiración del aire, ha conseguido incorporarse con los vivientes; así que sólo se muda aquello que se adquirió después, no lo que la madre dió á luz. Y aun dado por supuesto que aquello te una en sumo grado á su peculiar cualidad, sin embargo, juzgo que no obstará á esto.

VIII. Después que tú mismo hayas adquirido los nombres de bueno, modesto y verídico, de prudente, condescendiente y magnánimo, mira bien no mudes jamás de nombre; y si por tu culpa perdieres los dichos dictados, vuelve á recobrarlos con prontitud. Pero debes tener presente que el nombre de *prudente* quería significarte que procurases una exacta inteligencia y continua atención en cada cosa; el de *condescendiente* te exhortaba á una voluntaria admisión de todos los sucesos que fueren dispensados por la naturaleza universal; el de *magnánimo* te movía á una elevación de ánimo sobre los movimientos suaves ó ásperos del apetito sensual, sobre la vanagloria, la muerte y cuanto fuere de este jaez. Pues si te conservares en la justa posesión de estos títulos, no anhelando que otros te llamen con ellos, serás otro hombre y pasarás á otro género de vida. Porque, en realidad, el querer aun ser tal cual has sido hasta aquí y permanecer lacerado y contaminado en una vida de esta clase, es propio de un hombre demasiadamente insensato y con exceso amante de su vida, y muy parecido á los *bestiarios* medio comidos de las fieras, que, estando llenos de heridas y de sangre, con todo, piden con mucha instancia que los reserven vivos hasta el día siguiente, para ser otra vez echados á las mismas garras y presas. Procura, pues, poner todo tu gusto en la adquisición de estos pocos nombres; y caso que puedas mantenerte en la posesión de ellos mismos, permanece constante como quien ha sido llevado y colocado en las *Islas Fortunadas*. Mas si conocieres que te va faltando el ánimo y que no te es posible salir con la empresa, vete con valor y retírate con denuedo á algún rincón, en donde podrás hacer algo; ó lo mejor será que te salgas de una vez de la vida, no con cólera ó despecho, sino como quien tal no hace, con desembarazo y buen modo; ejecutando siquiera esta sola proeza en tu vida con salir en tal conformidad *del mundo*. No obstante, para recuerdo de los nombres mencionados, te servirá mucho la frecuente memoria de los dioses, y que éstos no quieren ser adulados, sino que todos los racionales se les hagan semejantes en el proceder; no olvidándote que haciendo la higuera lo que es propio de la higuera, el perro lo que es peculiar al perro, la abeja lo que es privativo de la abeja, estará el hombre igualmente obligado á cumplir con el deber del hombre.

IX. La comedia, la guerra, la consternación, el estupor, la servidumbre, de día en día irán borrando en ti aquellos principios que tú, dado al estudio de la naturaleza, ibas concibiendo y depositando en tu mente; por cuya razón conviene que en todo premedites y obres de manera que, al mismo tiempo que se perfeccione la vida activa, juntamente se ejercite la contemplativa; y la propia satisfacción nacida de ver que todo lo entiendes, se conserve, disfrazándola con modestia, no ocultándola con misterio, pues entonces hallarás gusto en la simplicidad, tendrás fruición en la gravedad, te complacerás en el conocimiento de cada cosa particular, entendiendo cuál es según su esencia, qué región habita en el mundo, cuánto tiempo podrá naturalmente subsistir, de qué partes está compuesta, á quién puede caber en suerte, quiénes, por fin, son dueños de darla y quitarla.

X. La araña queda muy ufana habiendo cazado una mosca; otro está ufano habiendo seguido una liebre; otro, que pescó en la red un arenque; otro, que cogió unos jabalíes; otro, unos osos; otro, por fin, que cautivó algunos sármatas. ¿Acaso no reputarías á éstos por unos ladrones, si examinases atentamente sus máximas?

XI. Procura adquirir el método de contemplar cómo todas las cosas van mudando las unas en las otras; dedícate siempre á esto, y ejercítate en semejante punto de meditación, puesto que nada conduce tanto al logro de la magnanimidad. Y, en efecto, el que hiciere la reflexión de que cuanto antes será forzoso desamparar todas las cosas, dejando la compañía de los hombres, abandonará su cuerpo, entregándose todo á la justicia en cuanto debe ejecutar por sí, y dejándose gobernar por la naturaleza universal en los demás acontecimientos; ni menos le vendrá al pensamiento qué dirá otro, qué sospechará, ó qué hará contra él viviendo satisfecho con estas dos cosas: con obrar con rectitud lo que hubiere de hacer por entonces, y abrazar con resignación lo que al presente le tocare en suerte. Finalmente, separándose de todas las otras ocupaciones y cuidados, no apetecerá otra cosa más que ir derechamente en pos de la ley y seguir á Dios, que siempre guía por un camino recto.

XII. ¿Á qué viene esa desconfianza y sospecha, teniendo á mano el averiguar bien lo que debes hacer? Pues caso que lo descubrieres claramente, sigue por ese camino de buen ánimo y con constancia; mas si no llegares á conocerlo, haz alto allí, y valte de los más hábiles consejeros; y si aun te ocurrieren otras dudas, procura según las circunstancias presentes llevar adelante con prudencia tus determinaciones, sin desviarte jamás de lo que te pareciere justo, porque no hay cosa mejor que conseguir lo que es conforme á justicia. Demás de que al hombre á quien no le saliesen bien sus intentos, siguiendo en todo la razón, le sería fácil juntar, con la quietud, la pronta expedición en el obrar, y con la vida alegre, la moderación en sus costumbres.

XIII. Al punto que te dispertares, pregúntate: ¿por ventura te interesará si otro ejecuta acciones justas y buenas? No me resultará utilidad. ¿Acaso te has olvidado de que esos mismos se ensoberbecen con las alabanzas de otros, y se aterran con los vituperios? ¿Qué tales son en sus lechos, qué tales á sus mesas? ¿Qué cosas hacen, de cuáles huyen, cuáles pretenden? ¿De qué manera roban, de qué modo arrebatan, no sólo con las manos y los pies, sino con lo que es más respetable en ellos mismos, á cuyo cargo está siempre que quisiere el guardar la fe, la verdad y la bondad de su conciencia?

XIV. El hombre bien educado y de moderación dice á la naturaleza, que todo lo dispensa y todo lo recupera: dame lo que gustares, y vuelve á tomar lo que quisieres. Ni esto lo diría con altanería, antes bien con ánimo benévolo.

XV. El tiempo que te resta de vida es poco; vívelo como si te hallares en una montaña; porque lo mismo es vivir aquí que vivir allí, con tal que en cualquier lugar viva uno en el mundo como en su ciudad. Vean los hombres y reconozcan en mí un hombre que lo es de veras viviendo según la naturaleza; si no me pueden sufrir, que me maten, puesto que vale más morir que vivir como ellos quieren.

XVI. De hoy más, déjate absolutamente de disputar cuál conviene que sea un hombre bueno, si no procura ser tal en realidad.

XVII. Piensa con frecuencia en el todo de una eternidad y de la naturaleza universal; reflexiona también que todas estas cosas particulares, por lo respectivo á su ser, montan poco; por lo tocante á su duración, son nada.

XVII. Parando la consideración en cada cosa que se te presente, podrás comprender que ella misma se va ya disolviendo y mudando, como que también la es propio el pudrirse y disiparse, ó que, de algún modo, casi el morir la es natural.

XIX. Observa qué vienen á ser los hombres cuando comen, duermen, tienen acceso y ejecutan otras funciones de esta clase. Mira después cuáles son mandando á otros, engriéndose, enfureciéndose y reprendiéndolos con superioridad. Reflexiona á cuántos obsequiaban poco antes y con qué miras tan viles los servían; por último, en qué vendrán á parar poco después.

XX. Á cada uno es útil todo aquello que la

naturaleza del universo le dispensa; y entonces le es conducente cuando aquélla se lo da.

XXI. La tierra *árida* desea la lluvia, el aire recio apetece lo mismo; también el mundo anhela poner por obra lo que se ha de hacer. Digo, pues, hablando con el mundo: yo amo lo que tú amas. ¿Acaso eso no es así y no se dice vulgarmente que esto ó aquello ama ser hecho?

XXII. Ó bien que hayas siempre de vivir aquí, y entonces ya estás hecho á esta vida; ó bien que te salgas fuera, y esto ya lo deseabas; ó bien que te mueras, y con eso has cumplido con tu ministerio. Fuera de esto, nada más hay; con que así prosigue de buen ánimo.

XXIII. Ten siempre por cosa cierta y averiguada que lo mismo se es el campo que cualquiera otro lugar, y que las mismas conveniencias logra el que vive aquí que otro que pasa la vida en la cumbre de un monte ó en la orilla del mar. Sin disputa alguna, hallarás ser verdad lo que decía Platón: *Que un sabio, del mismo modo está encerrado dentro de los muros de una ciudad, que lo está un pastor dentro del redil de su majada.*

XXIV. Mi alma, ¿qué viene á ser para mí, y cómo me la finjo yo al presente? Y al cabo, ¿qué uso hago de ella ahora? ¿Acaso está falta de entendimiento? ¿Por ventura se ve separada y arrancada de la común sociedad? Y, en suma, ¿se halla tan íntimamente unida y mezclada con la vil carne, de modo que vaya á una con ella?

XV. El que huye de su señor es un desertor; es así que la ley es la señora; luego también será desertor el que la traspasa. Igualmente quebranta la ley el que se queja, ó se irrita, ó teme, porque no quisiera que hubiese sido hecho, se hiciese ó hubiese de hacerse algo de lo ordenado por aquel que gobierna todas las cosas, el cual es la misma ley, que reparte con justicia lo que corresponde á cada uno; luego el que vive con temor, el que se aflige y el que se enoja, ese es un desertor, un fugitivo.

XXVI. Habiéndose ausentado el que dejó el germen del feto, se desarrolla. ¡Qué bello efecto de causa tan vil! Al embrión, ya formado, da la madre el alimento que pasa por el esófago, y después, recibiéndolo otra causa, produce en ese mismo el sentido y movimiento; en suma, la vida, fuerzas y lo demás. ¡Cuántas y cuán admirables cosas! Son, pues, dignos de contemplar estos arcanos, que tan en secreto obra la naturaleza, y observar en igual conformidad su virtud productiva, así como miramos la fuerza que lleva abajo ó arriba las cosas materiales, no con los ojos del cuerpo, pero no por eso con menor evidencia.

XXVII. Con la frecuente reflexión de que todas las cosas, en cierto modo, han sido tales antes de ahora como existen al presente, podrás también formar juicio de las futuras, y ponerte á la vista los dramas enteros y las escenas uniformes, teniendo conocimiento de cuanto has adquirido por la experiencia y aprendido de la historia antigua; por ejemplo, toda la corte de Adriano, la corte entera de Antonino, toda la de Filipo y de Creso, porque todas eran muy semejantes, diferenciándose solamente por los distintos personajes que entonces representaban.

XXVIII. Imagínate que todo aquel que se aflige y disgusta por cualquier suceso se asemeja á un cerdo, que, llevado al matadero, cocea y gruñe mucho: semejante al mismo es también aquel que á sus solas, echado sobre un escaño, llora su desdicha. Considera también esa cadena fatal á que estamos atados, y que sólo á los racionales se les dió la facultad de acomodarse voluntariamente á los acontecimientos, siendo así que es necesario á todos el seguirla.

XXIX. Parando la consideración en cada cosa particular de las que intentas, examina si te sería muy sensible la muerte, porque te privase de ejecutarla.

XXX. Cuando te chocare la falta de alguno, al punto, vuelto sobre ti, reflexiona si tú cometes algún error semejante: por ejemplo, juzgando que la plata, que el deleite, que la gloria mundana y otras cosas de esta especie sean un bien verdadero; porque añadiéndose á esto que el otro, habiendo incurrido en igual ignorancia, obra por fuerza, al instante echarás en olvido tu enojo. Pues ¿qué otra cosa podría hacer? á no ser que tú procurases libertarlo de la violencia.

XXXI. Viendo á Satyrón el Socrático, imagínate ver á Euthyches, ó á Hymeno; visto á Eufrates, idéate ver á Eutychión ó á Sylvano; cuando veas á Alcifrón, represéntate que ves á Tropeoforo; habiendo visto á Jenofonte, forma la idea de que ves á Critón ó á Severo; y cuando vuelvas sobre ti los ojos, represéntate en la imaginación alguno de los Césares; finalmente, imaginándote en cada uno otro semejante, luégo te ocurrirá al pensamiento en dónde paran esos ahora. En ninguna parte del mundo; ó ¿qué sé yo adónde están? Porque de esta manera verás de continuo que las cosas húmanas son un poco de humo y un nada; particularmente si te hicieres la reflexión que, lo una vez pasado, no volverá ya por toda una eternidad. ¿Tú, pues, cuánto tiempo vivirás? *Bien poco.* Pero ¿por qué no te contentas con vivir ese poco de tiempo con la perfección que corresponde? ¡Oh cuán bella y oportuna ocasión te dejas perder! Pues ¿qué otra cosa más son todos estos sucesos humanos que un ejercicio de la razón que ha visto ya con toda exactitud y contemplado sobre la naturaleza de las vicisitudes de la vida? Según eso, persiste en estas reflexiones hasta que te las hagas familiares, como un estómago robusto abraza todo género de comida, ó como un grande fuego reduce á llama y resplandor todo cuanto le arrojares.

XXXII. Cuida que ninguno pueda decir con verdad de ti que no eres un hombre ingenuo, ó que no eres hombre de bondad; antes bien engáñese ó mienta cualquiera que de ti pensare ó dijere alguna de estas dos cosas. Todo esto pende de ti. Porque ¿quién te impide el ser bueno y sincero? Forma únicamente el juicio de que no te conviene vivir, á no ser tal, puesto que la razón no dicta que, siendo otro, debas vivir.

XXXIII. ¿Qué es lo que con más acierto se puede hacer ó decir en este negocio particular? Á la verdad, sea eso lo que se fuere, tienes en tu mano el hacerlo ó decirlo; y no pretextes que te lo impiden. Ni dejarás antes de gemir, hasta tanto que puedas verte en tal disposición de ánimo que en cualquier caso y circunstancia te sea igualmente gustoso el cumplimiento de los oficios propios de la condición humana, cual lo es la vida mole á quien se entrega á los deleites, porque debe servirte de complacencia el ejecutar tódo aquello que te es posible, según tu propia naturaleza, en la inteligencia de que en todo tiempo y lugar te es permitido. Pues al cilindro no se le da la propiedad de tener su movimiento en cualquiera sitio, ni al agua, ni al fuego, ni á otra cosa alguna que sea gobernada por su propia naturaleza ó por una alma irracional, siendo, en realidad, muchos los obstáculos que las contienen y se oponen. Pero el alma racional puede pasar sobre todo impedimento, y en tal modo, hacer libremente su carrera como exige su naturaleza. Poniéndote ante los ojos esta facilidad con que el alma podrá vencer y pasar por encima de todo óbice, así como el fuego sube hacia arriba, como la piedra desciende hacia abajo y como el cilindro rueda por un terreno declive, no inquieras ya otra cosa más. Porque los demás obstáculos, ó son respectivos á tu cuerpo, ó son de suyo tales que, sin una falsa persuasión y sin un asenso libre de la razón, ni lastiman ni hacen mal alguno; y á no ser así, al momento se haría malo el que los padeciese, visto que en las otras obras, naturales ó artificiosas, cualquier daño que sobrevenga á alguna de ellas, por eso empeora á quien lo recibe. Mas entonces, si se pudiese decir así, se mejora el hombre y es más digno de loor haciendo buen uso de las adversidades acaecidas. En suma: recuerda que aquello que no perjudica á la ciudad no hace daño á su ciudadano natural, y que no daña á la ciudad aquello que no es nocivo ni contrario á la ley, ni alguno de estos que llaman infortunios perjudica ni es contra la ley; luego aquello que no causa detrimento á la ley, ni á la ciudad ni al ciudadano podrá dañarles.

XXXIV. Á un hombre bien imbuído en las máximas verdaderas de la filosofía, le basta la menor palabra, y la más vulgar, para recordarle y exhortarle á la permanencia de un ánimo libre de toda inquietud y temor; por ejemplo, las siguientes palabras de *Homero*:

«Unas hojas al árbol quita el viento,

»Y otras le restituye primavera.
»Nacen unos por turno, y otros mueren.»

Y, en realidad, hojas vienen á ser tus hijuelos; igualmente son hojas esos hombrecillos que, teniéndose por hombres de crédito, celebran y divulgan la fama de otros; ó, por el contrario, los llenan de improperios ó los vituperan en secreto y motejan; del mismo modo son hojas los que han de ser tus panegiristas en la posteridad, porque todo ello son hojas que lleva la primavera y que después el viento echa por tierra; en cuyo lugar la selva produce después otras, siendo común á todas una duración momentánea. Pero tú huyes ó pretendes todas las cosas como si hubieran de ser eternas, habiendo también de cerrársete presto los ojos; y que, por fin, otro llorará la muerte de aquel que te lleve al sepulcro.

XXXV. El ojo sano debe ver todo lo visible y no decir: yo sólo quiero ver lo verde; también es necesario que el oido y el olfato estén prontos á percibir cualquier sonido y olor; y el estómago robusto no menos debe estar dispuesto á todo género de comida que lo está la muela hecha con el fin de moler cuanto la echaren. Así también conviene que el alma sana se halle preparada á recibir todo lo que la suceda; pues la que dijere: yo quisiera la salud de los hijos y que todos alabaran cuanto hiciese, será muy parecida al ojo que solamente busca lo verde ó á los dientes que únicamente quieren cosas tiernas y delicadas.

XXXVI. Ningún hombre hay tan afortunado que al morir no tenga á su lado quien se alegre del mal que le sucede. Y aunque haya sido hombre bueno y sabio, ¿dejará acaso de haber al cabo quien contra el mismo diga: Finalmente, podremos ya respirar libres de este pedagogo; en realidad, con ninguno de nosotros era rigido; antes bien noté que nos reprendía con ánimo plácido? Esto, pues, se suele decir de un hombre bueno; pero, por lo que mira á nosotros, ¡cuán otros son los motivos por los que no pocos desean verse libres de nuestra compañía! Pues si estando para morir pensases en esto, te partirías también con un ánimo más plácido, haciendo el discurso siguiente: Yo me parto de una vida de tales circunstancias, que desean que me salga de ella aun aquellos mismos que vivían conmigo, por quienes yo tanto me afané, hice promesas por su salud, me desvelé por su bien, esperando ellos con mi muerte recibir quizá algún alivio. ¿Luego por qué uno ha de apetecer el mantenerse por más largo tiempo entre estos tales? Con todo, no por eso te partas menos propicio para con ellos; antes bien, observando tu costumbre, muéstrate amigo benévolo y apacible, y que de ninguna manera parezca que te arrancan de su compañía, sino que debe ser de tal suerte la separación, como cuando en una buena muerte el alma se desprende con facilidad del cuerpo. Porque la misma naturaleza que te enlazó y unió á ellos también te suelta ahora. En fin, me separa de ellos como de mis domésticos, no sacado con violencia, sino despedido voluntariamente, puesto que esta es también una de las cosas subsiguientes en la naturaleza.

XXXVII. En todo aquello que otro hiciere, acostúmbrate, en cuanto te fuere posible, á examinar para contigo mismo: Este ¿qué fin lleva en eso? Mas procura empezar por ti mismo y escudríñate en primer lugar.

XXXVIII. No olvides que lo que te agita y mueve á manera de un autómata es una cierta fuerza dentro de ti oculta y reconcentrada; esta fuerza, que pende del resorte de las propias pasiones y aficiones, es para nosotros la elocuencia que persuade, es la vida que nos tira, es, si se puede decir así, todo el hombre. Jamás quieras juntar con esta idea del hombre la idea del cuerpo, vaso que contiene dentro de sí el alma; ni la idea de los miembros, instrumentos alrededor del alma fabricados; porque son muy parecidos á la azuela, y sólo diferentes en cuanto ellos nacieron con nosotros á nuestro lado. Siendo así que todos estos miembros sin el *alma*, causa que los mueve y da vigor, no tendrían otro uso del que tiene la lanzadera para la tejedora, y el látigo para el cochero.

LIBRO UNDÉCIMO

I. Las propiedades del alma racional son: que ella se vea; que se componga á sí propia y haga cual ella quiere; que coja el fruto que ella misma lleva (siendo así que otros recogen el fruto de las plantas, y lo que hace veces de fruto en los animales); que ella, por fin, en cualquiera parte que acabare la carrera de su vida, llegue siem- [illegible] su término. Pues no se debe discurrir del [illegible] la danza, de la representación y [illegible] las cuales quedaría im- p[illegible]se é interrum- piese en [illegible] cual- quiera lugar que la [illegible] plena y perfectamente cum[illegible] que se la había cometido; de modo q[illegible] podrá decir: Á mí nada me falta de lo que m[illegible] pertenece. Á más de esto, el alma corre y da vuelta á todo el universo; contempla el estado vacío ó *imaginario* que la rodea; ve la figura del mundo; extiende su consideración hasta lo infinito de la eternidad; comprende la generación periódica, *ó sea palingenesia* de todas las cosas del universo, y la considera; entiende con toda claridad que ni los venideros verán cosa nueva, ni los antepasados vieron más que nosotros ahora, porque, en cierto modo, el que haya vivido cuarenta años, por poco entendimiento que hubiere tenido y meditado en los sucesos, pudo haber formado concepto de todo lo pasado y lo venidero, según que es la uniformidad de lo uno con lo otro. Finalmente, es propio del alma racional la caridad para con el prójimo, la verdad, la modestia, no anteponer nada á sí misma, lo cual también es peculiar de la ley; de ahí se colige que la recta razón del alma en rigor no se diferencia de la razón legítima de la justicia.

II. Menospreciarás la cantinela más deleitable al oído, el baile, el pancracio ó juego de la palestra, si en la voz sonora hicieres la división de sus tonos particulares, y en cada uno te preguntares á ti mismo: *¿Acaso es esto lo que me encanta y lleva tras, sí?* Pues sin duda te avergonzarías confesarlo. Si por lo que mira al baile hicieres otro tanto en cada movimiento y gesto particular del cuerpo, y lo mismo á proporción por lo que toca al juego de la palestra. Así que en todo, menos en la virtud y en las acciones virtuosas, acuérdate de volver con la consideración á las partes tomadas de por sí, y con la división de ellas podrás llegar á conseguir su desprecio. Haz traslación de esto mismo á toda tu vida.

III. ¿Qué alma se hallará pronta á desprenderse del cuerpo, si al momento la fuere necesario, bien para extinguirse, bien para disiparse ó bien para subsistir después? Pero esta prontitud debe ser tal que provenga de la cordura del propio juicio, no de una mera obstinación, como se ve en los cristianos; antes bien, de una reflexión madura y gravedad respetable; de modo que, sin ostentación, pueda persuadir lo mismo á otro.

IV. ¿Hice algún beneficio á la sociedad? pues ya con eso estoy premiado. Procura siempre tener á mano esta consideración, y no dejes jamás de ejercitarte en ella.

V. ¿Qué arte profesas? el de bien vivir; pero ésta ¿de qué otra suerte se puede ejecutar mejor [illegible]ue gobernándose por los preceptos, que parte [illegible] naturaleza del universo, parte á la [illegible] del hombre?

[illegible] lugar la tragedia, inst[illegible]nos, con la mira de qu[illegible] tidos de que éstos na[illegible] para que en este gran teatro de[illegible] vásemos pesadamente aquello mismo qu[illegible] serviría de diversión representado en las tablas; porque sabemos por la experiencia que todo necesariamente tendrá este paradero, y que toleran eso mismo aun aquellos que hayan exclamado: *¡Oh Citherón!* Y, en realidad, los autores del drama dicen algunas cosas muy útiles; como aquello

«Que no sin causa ni razón, los dioses
»Me desestiman hoy, y á mi linaje.»

Y en segundo lugar estotro:

«El enojo volver contra las cosas
»No es razón, pues de enojos no se cuidan.»

Y esto también:

«Se debe á guisa de madura espiga,
»Una vida cortar y dejar otra.»

Y otras muchas cosas de esta clase. Después de la Tragedia se introdujo la Comedia antigua, la cual tenía una libertad y censura magistral, que, sin rodeo ni rebozo, amonestaba, no sin provecho, á que se evitase la insolencia y fausto en la vida, para cuyo fin también Diógenes se solía servir de algunos pasajes de ella. Pasa después á considerar cuál haya sido la Comedia que llamaron media, y á qué fin más adelante sucedió á ésta la Comedia nueva, la cual poco á poco vino á parar en la pantomima artificiosa. Ninguno ignora que realmente en estas representaciones se dice algo que puede ser útil, por cuya razón debemos reflexionar cuál sea el alma de este género de poesía y cuál su objeto.

VII. ¿Cómo sabes con evidencia que ningún otro género de vida es tan á propósito para la profesión de la filosofía como el presente?

VIII. Un ramo cortado de otro ramo con el que estuviese unido no puede menos de quedar cortado del árbol entero; á este modo, pues, también el hombre separado de otro hombre no puede dejar de quedar separado de toda la sociedad. Además de que es otro el que divide el ramo, pero el hombre se aparta á sí propio de su prójimo, aborreciéndole y siéndole contrario, sin hacerse cargo de que al mismo tiempo queda separado de todo el cuerpo de la sociedad. No obstante, tiene á su favor aquel gran privilegio concedido por Júpiter, autor de la sociedad, para que podámos incorporarnos otra vez con quien habíamos estado unidos y llenar de nuevo aquel lugar que nos había cabido en el universo; bien que el repetir á menudo esta separación hace que sea bien difícil y mala de soldar la reunión en lo porvenir. Y sobre todo, *finalmente*, el retoño que desde el principio brotó y fué creciendo naturalmente con el árb[illegible] diferencia del vástago, que después de corta[illegible] ingerir en otro árbol, que es l[illegible] que el ingerto [illegible] fruto con el árbol, pero no [illegible] ra que el tronco y serán distintas las ramas.

IX. Al modo que no te podrán hacer desistir de una buena obra los que se te opongan cuando sigas la recta razón, así tampoco deberán apartar de tí la benevolencia para con los mismos; por cuya razón, procura observar con igual constancia ambos propósitos, de no sólo mantenerte firme en la resolución de llevar adelante lo comenzado, sino también en la de conservar la apacibilidad con los que intentaren impedirte la acción ó de otra manera te fueren molestos. Porque igual debilidad de ánimo es el enojarse contra ellos que, consternándose, retirarse de la empresa y darse por vencido; siendo, á la verdad, no menos desertor de su puesto y profesión el que, atemorizado, dejó de cumplir con su deber que quien, separándose, se mostró ajeno con el que es su pariente y amigo por derecho de naturaleza.

X. Ninguna naturaleza es de condición más inferior que el arte, puesto que las artes imitan á la naturaleza; si esto es así, lo será también que la naturaleza es la más perfecta, y que, abrazando en sí todo lo demás, no la cederá en habilidad y destreza á otro algún artífice. Siendo, pues, cierto que todas las artes hacen lo menos perfecto con relación á lo más sobr[illegible] consiguiente que tamb[illegible] leza [illegible] [illegible] [illegible] [illegible]mos observar lo [illegible] andamos afanados y perdi[illegible] busca de las cosas medias é indiferentes *no contando con las honestas*, ó si, temerarios é inconstantes en nuestros juicios, somos fáciles en dejarnos engañar, *no dando á cada cosa su justo valor.*

XI. Si las cosas cuyo deseo ó aversión te causa inquietud ó te turba la paz no te vienen á buscar á ti, sino que tú en cierto modo las vas á buscar, debe el juicio dejar de hacerlas la guerra, y no las apetecerás más ni las huirás.

XII. La esfera es una viva imagen del alma cuando ésta no se extiende á lo que está fuera de sí, ni consiente interiormente, ni se hace una con la idea que se la presenta, sino que se deja iluminar con aquella luz con que ve la verdad de todas las cosas y la de lo que en sí encierra.

XIII. ¿Me despreciará alguno? Sabrá el motivo; yo, por mi parte, me prevendré bien para no ser cogido haciendo ó diciendo cosa digna de menosprecio. ¿Me aborrecerá otro? Él se lo sabrá. Sin embargo, yo, por lo que á mí toca, proseguiré siendo afable y benévolo con todo el mundo, aun para con ese mismo, estando pronto á manifestarle su error, no contumeliosamente ni como que deseo hacer alarde de mi sufrimiento, antes bien ingenua y amigablemente, al modo que lo hizo aquel Foción, si es que en su proceder no disimulaba el rencor; porque conviene que estas acciones sean tales interiormente y que los dioses puedan ver que eres un hombre que nada lleva á mal, ni recibe pena de cosa alguna. Y, en efecto, ¿qué mal te podrá venir si tú haces lo que corresponde á tu naturaleza? ¿Pues tú no has de saber abrazar aquello que ahora parece oportuno á la naturaleza universal, siendo hombre por naturaleza encargado de hacer de todos modos cuanto sea justo?

XIV. Aquellos hombres que *ahora* se desprecian mutuamente, *después* se lisonjean los unos á los otros; y los que *al presente* quieren recíprocamente disputarse la preeminencia, esos mismos se humillan los unos á los otros.

XV. ¡Qué intención tan dañada y ánimo fingido tiene quien dice: Yo quisiera hablarte con ingenuidad! ¡Qué haces, buen hombre! No es necesario usar de este preámbulo; la cosa por sí misma lo dirá; las palabras deben al instante leerse escritas en tu frente, y al punto manifestarse en los ojos, al modo que un amante al momento lo conoce todo en los ojos de la persona amada. En suma: conviene que el hombre sincero y bueno sea tal cual es el que mal huele, para que al mismo tiempo de acercarse á él, conozca y eche de ver, quiera ó no quiera, su candor, pues la ingenuidad afectada es de persona doble, y nada hay más abominable que la amistad del lobo. Huye de este vicio con más particularidad que de los demás. Un hombre de veras bueno, sencillo y benévolo, manifiesta esto propio en los ojos, sin que pueda ocultarlo.

XVI. El alma tiene en su mano el poder vivir una vida felicísima si mira sin distinción lo que es indiferente; pero se portará con indiferencia si á cada cosa la considera ya por partes, ya en general, y recuerda que ninguna nos obliga á formar juicio sobre ellas, ni menos nos sale al encuentro, sino que se está muy quieta, siendo en realidad nosotros los que hacemos nuestros juicios acerca de ellas y como que los esculpimos en nuestra alma, pudiendo, no sólo no grabarlos, pero aun borrarlos al punto, si por descuido se nos hubiese impreso alguno. Pero

¿qué dificultad hay en que esto se haga bien, reflexionando que semejante cautela durará por poco tiempo y que al cabo se terminará la vida? Pues si ello es conforme con la naturaleza, alégrate con eso mismo, y luégo se te hará bien fácil de llevar; pero si es contra la naturaleza, examina lo que te corresponde según tu propia naturaleza, y al punto corre tras ello, aunque no sea cosa de mucho honor, porque se debe disimular con cualquiera que busca su bien propio.

XVII. Examina de dónde ha salido cada [illegible] de qué está compuesta, en qué otra cosa [illegible] será después de mudada, como, [illegible] *por la mutación.*

[illegible] lo siguiente: [illegible] que yo tengo con los [illegible] que hemos nacido para ayudarnos [illegible] te, ya, porque por otro título especial, les estoy obligado, habiendo sido encargado de conducirlos como el morueco guía el rebaño y el toro la vacada. Luégo después remonta más alto la consideración, que si los átomos no reinan, todo, por consiguiente, lo gobierna la naturaleza; si esto es así, lo inferior se hizo por causa de lo superior, y las cosas sobresalientes, las unas por razón de las otras. En segundo lugar, que tales son á sus mesas, en sus camas y lo demás. Pero reflexiona con particularidad en qué necesidad tan dura les ha puesto su mismo modo de pensar y con cuánta ostentación y pagados de su dictamen prosiguen en sus errores.

En tercer lugar, que si éstos ejecutan eso con la rectitud debida, no es razón que nos indignemos contra ellos; pero si no obran rectaménte, ya se ve que lo hacen sin plena libertad y por su ignorancia. Pues todo hombre, del mismo modo que mal de su grado carece de la verdad, así también se halla falto del conocimiento con que debe portarse con cada uno, según lo merece: por eso llevan con impaciencia el oirse llamar injustos, ingratos, avaros, y, en una palabra, faltos de caridad para con el prójimo.

En cuarto lugar, que tú también cometes muchos yerros y erés como ellos; y aunque te abstienes de caer en ciertas faltas, con todo tienes [illegible] ita disposición para hacer- [illegible] ardía, ó por otro fin sinies- [illegible] en semejantes delitos.

En quinto lugar, que tú no estás bien cierto y seguro de si pecan ó no; porque muchas cosas se ejecútan por vía de providencia, ó sea razón de economía, y, sin duda, es necesario enterarse primero de muchas particularidades para que uno pueda fallar de una acción ajena.

En sexto lugar, que cuando te indignares sobremanera ó recibieres algún pesar, debes acordarte de que la vida de los hombres es momentánea, y que dentro de poco todos desapareceremos.

En séptimo lugar, *persuádete* de que no son las acciones ajenas las que nos inquietan, puesto que se quedan allá dentro del alma de otro, sino realmente son nuestros modos de opinar; deponlos, pues, de tu imaginación y resuelve á echar de tí ese juicio formado, como si hubiera sido acerca de una cosa en realidad grave, y con eso, sobre la marcha, se te habrá ido la cólera. Pero ¿cómo me lo quitaré de la cabeza? Haciendo cuenta de que aquello no te causó infamia; porque si no fuese verdad que lo infame sólo es mal á quien lo comete, sería necesario que tú sin culpa tuya pecases en infinitas cosas, que fueses un ladrón y un malhechor rematado.

Lo octavo, que la ira y el dolor concebido por la culpa ajena no nos acarrean más grave daño del que nos podrían causar aquellas mismas faltas, por las que nos irritamos y resentimos.

Lo noveno, que la mansedumbre, si es natural, sin afectación, ni fingimiento, será invencible. Porque ¿qué te podrá hacer el hombre más insolente, si tú perseveras siéndole benévolo, y si lo permitieren las circunstancias, le exhortas con mansedumbre, y en aquella misma ocasión en que intentare hacerte mal lo amonestas con mucha paz dándole el desengaño siguiente? ¡No, hijo mío, no; para otro fin hemos nacido: tú á mí no me acarreas mal alguno; á ti sí que te perjudicas, hijo mío! Haciéndole también ver con discreción y, en general, que ni las abejas suelen proceder así, ni otra especie de animales por naturaleza sociables, se porta de esta manera; conviene, pues, hacerlo sin ironía ni improperio; antes bien con un amor muy sincero y un ánimo nada exasperado; ni menos como maestro que reprende en pública escuela, ni con el fin de causar admiración á quien estuviere á su lado, sino como si lo hablases á solas, por más que algunos otros se hallen presentes.

Ten presente en tu memoria estos nueve capítulos como otros tantos dones recibidos de las musas, y empieza alguna vez, mientras [illegible] la vida, á ser de veras hombre: [illegible] debes guardarte de en[illegible] que de adul[illegible] rec[illegible] al público [illegible] tener pronta la refle[illegible] es propio de un hombre el eno[illegible], antes bien, así como es más humano, también es más varonil el ser manso y sosegado, participando éste de gran vigor, resistencia y fortaleza; no aquel que se impacienta y da por ofendido, porque cuanto más uno se acerque á la inmunidad y exención de pasiones, serán tanto mayores sus fuerzas. Y á la verdad, al modo que la tristeza es propia de un ánimo débil, así también lo es la ira, pues uno y otro son heridos y se dan por vencidos de semejantes pasiones.

Pero si quieres, puedes también recibir de las musas el décimo regalo, á saber, que es propio de un maniático el pretender que no pequen los malos, porque esto es desear un imposible; pero el consentir que ellos sean tales con los demás y al mismo tiempo querer que no te perjudiquen á ti en cosa alguna, es pretensión necia.

XIX. Debes principalmente estar observando de continuo cuatro inclinaciones del espíritu, y después que dieres con ellas, procurarás echarlas de tu imaginación, hablando así con cada una en particular: *con la sospecha,* no viene al caso ese juicio vano; *con la murmuración,* esa de suyo es destructiva de la sociedad; *con la ficción,* eso que vas á decir no es conforme á lo que sientes; debes, pues, reputar por una de las cosas más absurdas el hablar contra tu propio sentir; queda, finalmente, en cuarto lugar, la *intemperancia,* con la cual te afrentas, porque con ella se da por vencido el espíritu, parte la más divina, y se pone bajo los pies de tu cuerpo, parte la más vil y perecedera, haciéndole esclavo de sus brutales placeres.

XX. Todo lo aéreo é ígneo que se te ha infundido, por más que naturalmente se incline á subirse á lo alto, obediente á la disposición de la naturaleza universal, se detiene acá abajo en esa masa del cuerpo. También cuanto hay en ti de térreo y húmedo, aunque por sí se incline hacia abajo, sin embargo, es elevado, y ocupa un puesto que naturalmente no le corresponde. Y es de advertir que, á este modo, los elementos obedecen también á la naturaleza del universo, puesto que permanecen en donde fueron colocados con violencia, hasta que allí mismo se les haya dado de nuevo la señal de la disolución. ¿Pues no es una enormidad que sola tu parte inteligente sea desobediente y que no se halle contenta en su destino? Y más que á ésta no se la encarga cosa alguna violenta, sino sólo lo que es conforme á su naturaleza; pero ni aun por eso se contiene, antes bien sigue el partido contrario, porque ese movimiento que la inclina á la injusticia, al fausto, á la tristeza y al miedo, no es otr[illegible] una separación del camino recto d[illegible] za. Y en realidad el espíri[illegible] alguno de los su[illegible] para su [illegible] sido [illegible] [illegible]idad y piedad [illegible]cia, ya porque esas vir[illegible] [illegible]en al buen orden y conservación [illegible] sociedad, á más de ser más antiguas y de más mérito que los oficios de la justicia.

XXI. Aquel que no se propone siempre un mismo blanco en el vivir no puede ser uno mismo en todo el curso de su vida; y á no añadir también cuál deba ser ese blanco, tampoco basta lo dicho. Porque así como no es una misma la opinión acerca de todas aquellas cosas que general y vulgarmente parecen buenas, por más que sea muy semejante la idea formada respecto de algunas otras, á saber, de las que se refieren al común de los hombres, á este modo también conviene que uno se proponga un blanco conducente al bien público y útil á la sociedad, pues el que dirija á este fin todos sus intentos y conatso guardará uniformidad en todas sus acciones, y con eso será siempre uno mismo.

XXII. Reflexiona sobre la fábula de los dos ratones, el uno silvestre y el otro doméstico, y observa el temor é inquietud de éste.

XXIII. Á las opiniones del vulgo solía Sócrates llamarlas cuentos de brujas y espantajos de niños.

XXIV. Los lacedemonios en sus espectáculos solían poner á la sombra asientos para los extranjeros; mas ellos se sentaban donde quiera que se les proporcionaba.

XXV. Sócrates, reconvenido por Perdicas porque no le iba á visitar, por no tener, dijo, un fin el más desgraciado; esto es, por no verme en la dura necesidad de no poder corresponder al beneficio que hubieres recibido.

XXVI. En los escritos de Epicuro se hallaba este aviso: que debe uno de continuo llevar presente en la memoria alguno de aquellos hombres antiguos que se dedicaron con esmero al ejercicio de la virtud.

XXVII. Los pitagóricos encargaban que bien de mañana mirásemos al cielo, para que, haciendo memoria de aquellas sustancias que siempre siguen un mismo curso, y concluyen de una misma manera su obra, nos acordásemos de su orden, pureza y desnudez, porque los astros no tienen velo alguno *con que cubrirse*.

XXVIII. Imagina cuál estaría Sócrates medio envuelto con una piel, cuando su mujer Xantipa, tomándole sus vestidos, se salió de casa con ellos; y acuérdate de lo que Sócrates dijo á sus compañeros corridos y resueltos á retirarse cuando le vieron en semejante traje.

XXIX. No podrás ser maestro en el arte de leer y escribir sin que primero hayas sido buen discípulo; esto con mucha mayor razón se deberá aplicar al arte de vivir.

XXX. Tú naciste siervo; no debes hablar.

XXXI. Se alegró interiormente mi corazón.

XXXII. Á la virtud insultan con denuestos.

XXXIII. Es propio de un loco buscar higos en el invierno; cerca le va aquel que clama por el hijo perdido, cuando ya no se lo restituirán jamás.

XXXIV. Epicteto persuadía á un padre que estaba besando á un hijo pequeño, para que dijese dentro de sí: *tal vez morirá mañana*. ¡Ah, eso es un mal agüero! Nada, respondió Epicteto, de cuanto significa un efecto natural puede ser cosa infausta, si no es que tienes por mal agüero el que las espigas hayan de ser segadas.

XXXV. La uva verde, la madura y la pasa, todas son mutaciones, no en la nada, sino en lo que entonces no existe aun.

XXXVI. Es sentencia de Epicteto que la voluntad no está expuesta á ladrones.

XXXVII. Decía el mismo Epicteto que debía uno aprender el arte de dar su consentimiento. Y por lo que toca á los ímpetus de las pasiones, convenía poner mucha atención para obrar con la reserva debida, con el fin de que las acciones mirasen al bien público, y para que tuviesen por objeto el mérito correspondiente á cada cosa; y así es igualmente necesario abstenerse en un todo del deseo, como de la aversión á nada de cuanto no pende de nuestro arbitrio.

XXXVIII. No son nuestras porfías, aseguraba él mismo, sobre cosas de poco más ó menos, sino sobre si somos ó no somos locos.

XXXIX. Sócrates hacía el siguiente argumento: ¿Qué apetecéis? ¿Deseáis tener almas de racionales ó de irracionales? Las queremos de racionales. ¿De qué racionales? ¿De los buenos, ó de los malos? De los buenos. Pues ¿por qué no las buscáis? Porque las tenemos ya. ¿Luego por qué andáis riñendo y porfiando?

LIBRO DUODECIMO

I. Ya puedes, si no te envidias á ti mismo, alcanzar todo aquello á que deseas llegar por rodeos. Sin duda sucederá esto si dieres de mano á todo lo pasado, dejares también á la Providencia lo venidero, y sólo encaminares lo presente á un fin piadoso y justo. Á la virtud de la piedad pertenece que abraces cuanto te fuere dispensado, puesto que la naturaleza te lo envió, y tú has nacido para ello; á la virtud de la justicia corresponde que digas libremente y sin doblez la verdad, y que hagas al mismo tiempo lo que es conforme á la ley y según lo pida el mérito de la cosa. Por lo mismo no te sirva de impedimento ni la maldad ajena ni el concepto que formarán de ti, ni los discursos que harán sobre tu conducta, ni mucho menos la pasión de la carne que te estimula, porque allá se lo verá el paciente. Ahora, pues, ya que casi estás al fin de la carrera; si tú, separándote de todos los otros cuidados, respetases solamente á tu espíritu y honrases esa divinidad que en ti tienes, ni temieses al mismo tiempo el morir alguna vez, sino el no haber empezado jamás á vivir conforme lo manda la naturaleza, vendrías á ser un hombre digno de ese mundo, *ó sea de ese Dios* que te produjo, dejarías de ser huésped en tu misma patria, no admirarías como cosa inesperada lo que sucede cada día, y, por último, no estarías de nada pendiente.

II. Dios ve todos los espíritus desnudos de esos vasos materiales, de esas cortezas y basuras del cuerpo, porque con sola su mente llega á conocer todas aquellas cosas que de él mismo dimanan. Y si tú te acostumbrases á hacer esto mismo, cercenarías muchas de tus distracciones, pues aquel que no pusiere la mira en la carne de que está rodeado, ni mucho menos pensare en el vestido, en la casa, en la fama, ni en todo este aparato y pompa exterior, tendrá una vida tranquila.

III. Tres son las cosas de que has sido formado: cuerpo, alma y mente; las dos primeras en tanto son tuyas en cuanto es menester que las cuides; sólo la tercera es tuya en propiedad. Por lo que si tú apartares de ti, esto es, de tu mente, cuanto otros hacen ó dicen, lo que hiciste ó dijiste, lo que imaginado como futuro te perturba, lo que, ahora respecte al cuerpo que te circunda, ahora al alma nacida con el cuerpo, no depende de tu arbitrio; en fin, todo aquello que ese torbellino exterior de la naturaleza de continuo envuelve en sí, de modo que tu mente ó inteligencia, puesta en salvo contra los sucesos del hado, pura y libre de pasiones, viva contenta consigo misma, haciendo lo que es justo, conformándose con lo que suceda y hablando siempre verdad; si tú, vuelvo á decir, apartares de tu mismo espíritu aquellos afectos á que dió lugar por una pasión vehemente, y, no acordándote de lo pasado ni pensando en lo venidero, te hicieres á ti mismo, cual Empédocles describe el mundo, una como

Redonda esfera que sin cesar gira,

y sólo dirigieres tus cuidados á vivir bien lo que vives, á saber el tiempo presente, sin duda podrás pasar el resto de tu vida hasta la muerte con toda tranquilidad, con generosidad de ánimo y perfecta armonía con tu misma deidad, *ó sea parte principal.*

IV. Muchas veces me he maravillado cómo *es imaginable* que, amándose cada uno á sí mismo más que á todos, sin embargo, estime en menos el concepto propio formado de sí en comparación del que se merece de otros. Así sucede que si Dios ó un prudente maestro, estando presidiéndonos, mandase á uno de nosotros que nada imaginase dentro de sí ni discurriese, sin que al mismo punto de pensarlo lo profiriese, no habría quien pudiese aguantarlo sólo un día; en esa conformidad respetamos más al prójimo cuando opina algo de nosotros que á nosotros mismos.

V. ¿Cómo puede ser que los dioses, habiendo dispuesto tan sabiamente todas las cosas y con tanto amor hacia el género humano, hayan descuidado sola ésta, á saber: que algunos de los hombres que hayan sido del todo buenos, tenido las más de las veces casi correspondencia interesante con Dios, habiéndoseles hecho muy familiares y amigos por sus obras santas y funciones sagradas, después que una vez hayan muerto no hayan de volver á vivir jamás, antes bien hayan de quedar extinguidos para siempre? Dado caso que sea así, ten por cierto que los dioses lo hubieran hecho de otra manera si hubiera sido del caso hacerlo de otro modo; porque si era justo, también era posible; y si conforme con la naturaleza, esta misma lo hubiera puesto por obra. De aquí es que, sólo porque no sucede de esta suerte, si es que así no suceda, puedes dar por indubitable que no era conveniente que se hiciese en esa conformidad. Y, en realidad, bien ves tú mismo que, proponiendo esta cuestión, entras á disputar en justicia tus derechos con Dios, los cuales, ciertamente, no disputaríamos de este modo con los dioses, si ellos no fuesen muy buenos y muy justos; á más de que si son tales, sin duda no han omitido injustamente ni sin razón dejado de atender á cosa alguna perteneciente al buen régimen del universo.

VI. Debes acostumbrarte á ejercitarte aun en aquello de que desconfías poder salir; porque la mano izquierda, no siendo á propósito para otras acciones por falta de uso, con todo mantiene las riendas más fuertemente que la derecha, por cuanto se acostumbró á ello.

VII. Piensa en qué estado de cuerpo y alma conviene que te coja la muerte; reflexiona sobre la brevedad de la vida, la inmensidad del tiempo pasado y lo interminable del futuro, como también en la poca consistencia de todo lo que es material.

VIII. Mira las formas ó naturalezas de cada cosa desnudas de sus cortezas; atiende al fin de las acciones; considera qué viene á ser el dolor, qué el deleite, qué la muerte, qué la gloria; cuál es la causa de hallarte implicado en negocios; cómo ninguno puede ser impedido por otro; finalmente, que todo depende del modo de opinar.

IX. En la práctica de los principios filosóficos debe uno antes parecerse á un luchador que á un gladiador, porque éste, después que deja de la mano la espada, allí mismo queda muerto; pero aquél siempre conserva su brazo, ni es menester más que manejarlo con destreza.

X. Es muy del caso examinar lo que son estas cosas en sí mismas, haciendo la división de su materia, forma y fin.

XI. El hombre tiene tanta facultad, que pende de su arbitrio el no hacer sino aquello que ha de ser del agrado de Dios, y admitir con gusto todo lo demás que el mismo Dios le enviare.

XII. En lo que es subsiguiente y conforme á la naturaleza, no debe uno quejarse de los dioses, porque ni voluntaria, ni involuntariamente faltan en cosa alguna, ni contra los hombres, porque en nada yerran espontáneamente; de modo que no se debe culpar á nadie.

XIII. ¡Cuán ridículo y extravagante es aquel que se admira de cosa alguna de las que pasan en esta vida!

XIV. Ó domina una fatal necesidad é inviolable orden, ó una aplacable Providencia, ó una temeraria confusion, sin superior que dirija. Ahora bien; si reina una necesidad insuperable, ¿á qué viene la resistencia? Si gobierna una Providencia capaz de dejarse aplacar, procura hacerte digno del socorro divino. Pero si todo está sujeto á una ciega confusión sin que presida algún Numen, conténtate con tener en ti mismo la mente para que te sirva de conductor y piloto en medio de tan deshecha tempestad. Y caso que las enfurecidas olas te arrollen, procura que solamente lleven tras sí el cuerpo, el espíritu vital y las otras cosas exteriores, pero guárdate bien de que no arrebaten *al mismo tiempo* el alma.

XV. ¿Es posible que la luz de una lámpara no deje de alumbrar ni cese de despedir de sí su resplandor hasta tanto que la apaguen, y la verdad, la justicia y la prudencia se han de extinguir en ti antes de morir?

XVI. Para desechar el pensamiento que te representa con vehemencia que alguno haya pecado, *di para ti:* ¿qué sé yo si ese ha sido pecado? Y si es que pecó, *¿cómo me consta* si se ha echado á sí mismo la culpa? Pues de ese modo se parecería al que se arañase el rostro de puro dolor. Por lo mismo, *reflexiona* que quien pretende que el malo no peque, se asemeja al que no quiere que la higuera lleve leche en los higos, que lloren los niños recién nacidos, que relinche el caballo, ni que sucedan otras cosas naturalmente necesarias. Pues ¿qué podría hacer quien se hallase con tan mal hábito? Por eso, si te tienes por capaz y estás expedito, remedia ese mal y cúrale.

XVII. En realidad, todo tu deseo debería encaminarse á que no hicieses cosa á no ser que fuese decorosa, ni dijeses palabra á no ser que fuese verdadera.

XVIII. En todo y por todo conviene siempre considerar qué es lo que excita esa idea en tu imaginación, como que está á tu cuidado poner en claro eso mismo, haciendo la división en forma, materia, fin y tiempo, dentro del cual ha de terminar.

XIX. Acaba de reconocer alguna vez que en tí mismo tienes alguna cosa más excelente y divina que aquello que excita en ti los afectos y te agita enteramente á manera de un autómata. *Y entonces pregúntate:* ¿cuál es ahora mi pensamiento? ¿acaso el miedo? ¿la sospecha? ¿la lascivia? ¿por ventura ha sido algún otro *ímpetu* de esta clase?

XX. Procura, en primer lugar, no hacer cosa alguna temerariamente y sin designio; en segundo lugar, que tus acciones no hagan relación á otra cosa alguna que á un fin útil al bien público.

XXI. Haz cuenta de que dentro de poco ni tú mismo, ni cosa alguna de cuantas ahora ves, ni otro alguno de los que al presente viven, estaréis en parte alguna, porque todas las cosas nacen expuestas á la mutación, conversión y corrupción, para que de sus ruinas se hagan después otras cosas nuevas.

XXII. Persuádete de que todo es una aprensión, y que ésta pende de ti. Borra, pues, esa imaginación cuando quieras, y en esa conformidad, en todo serás firme, así como el que dobló un cabo tiene suma tranquilidad y logra un puerto adonde no llegan las olas.

XXIII. Una, y cualquiera acción que se termina á su tiempo, nada desmerece por haberse terminado, ni menos recibió menoscabo alguno quien la puso en ejecución, sólo por eso de haberla concluído; luégo del mismo modo el conjunto de todas las acciones en que consiste la vida, si á su tiempo cesare, sólo por eso de haber cesado no recibirá algún daño, ni será malamente vejado el que con oportunidad hubiere dado fin á la serie de sus acciones. Pero es de advertir que la naturaleza mide el tiempo y señala el fin de la vida, aunque alguna vez lo hace también la naturaleza particular de cada uno, como sucede al que muere en la vejez, si bien la naturaleza universal generalmente es la autora, procediendo de ella el que, mudando y renovando las partes, se mantenga siempre todo el mundo como recién hecho y muy vigoroso. Además de que todo lo conducente al universo siempre es bueno y tempestivo; luego el fin de la vida realmente no es mal para ningún particular, no siendo disforme, supuesto que no pende de nuestra elección, ni tampoco se opone al orden natural, antes bien es bueno, visto que es oportuno y congruente. Y á la verdad, de esta manera sería dirigido por un Numen el que se conformase en todo con Dios y se encaminase con fina voluntad al mismo fin.

XXIV. Conviene tener muy presentes estas tres cosas: Primera, que cuanto pusieres por obra, no lo hagas temerariamente, ni de otro modo que como lo haría la misma justicia; pero en lo que mira á los acontecimientos exteriores, persuádete, ó bien sucedan ellos por acaso ó por providencia, que no por eso debes quejarte de la fortuna ni menos echar la culpa á la Providencia. La segunda, el que reflexiones cuál es cada uno desde su concepción hasta el tiempo de animarse y desde la animación hasta restituir el alma, como también de qué partes se compuso y en cuáles se disuelve. La tercera, que si, levantado en alto y con espíritu elevado, considerases atentamente las cosas humanas y comprendieses cuánta es su diversidad, observando al mismo tiempo cuánto es también lo habitado por todas partes de vivientes aéreos y etéreos, verías al fin, por más veces que te remontases, que son de un mismo aspecto y de breve duración aquellas cosas sobre que fundas tu vanidad.

XXV. Echa fuera de ti esa aprensión, y con eso te preservarás de todo mal; pues ¿quién podrá impedir el que te sacudas de ella?

XXVI. Siempre que te resintieres de algo, será señal de tener olvidado el que todo sucede conforme con la naturaleza del universo, y que la falta cometida por otro no te perjudica. Á más de esto, también te has olvidado de que todo lo sucedido siempre aconteció en esa conformidad, y acaecerá en lo porvenir, como ahora se hace, ni te acuerdas cuánto sea el parentesco de un hombre con todo el linaje humano, no siendo á la verdad por enlace de carne y sangre, sino por la participación común de una misma mente. Por último, también pusiste en olvido que la mente de cada uno es un dios y que provino de la divinidad; que nadie tiene cosa alguna propia, antes bien, hijos, cuerpo y aun la misma alma nos vino de Dios; que todo es una mera opinión; que sólo vive cada uno el tiempo presente, y que eso mismo pierde solamente al morir.

XXVII. Conviene hacer de continuo un recuerdo de aquellos hombres que se indignaron excesivamente con algún motivo, de los que vivieron con grandes honores ó sumas calamidades, de los que han tenido ruidosas enemistades ó han florecido en cualquiera género de fortuna; después deberás preguntar: ¿en dónde están ahora todos aquéllos? Se convirtieron en humo y ceniza, y pasan por fábula ó ni menos se tienen por fábula. Por fin, conviene también que te ocurra al pensamiento todo lo de esta clase, por ejemplo, cuál fué Fabio Catullino en su granja, Lusio Lupo y Stertinio en Baías, Tiberio en Caprea y Vello Rufo; y en suma, la gran diferencia en todo, junto con una vana presunción de sí mismos. Y no se te pase por alto cuán vil era todo aquello que los traía fuera de sí, y cuánto más conforme es con la filosofía el que uno mismo, según se le ofrezca, se muestre justo, prudente, siguiendo á los dioses á cara descubierta y con sencillez, porque nada hay tan insufrible como la presunción insolente, disfrazada con capa de humildad.

XXVIII. Á los que te preguntaren en dónde viste á los dioses ó por dónde sabes de cierto que existen para darles ese culto, respóndeles, en primer lugar, que también son perceptibles á nuestra vista; además de que, aunque yo no haya visto á mi propia alma, sin embargo, la respeto también: á un modo, pues, semejante, sé con certidumbre que hay dioses, y los venero por las mismas razones, porque experimento en todas partes los efectos de su poder.

XXIX. La conservación de una vida feliz y ajustada estriba en que uno, en todo y por todo, discierna qué es cada cosa de por sí, cuál su materia, cuál su forma; que ese mismo haga con toda su alma lo que es justo, y que siempre trate verdad. ¿Y qué más le falta ya sino disfrutar el tiempo de su vida encadenando una obra buena con otra mejor, de suerte que no deje el más mínimo intervalo entre las acciones buenas?

XXX. Una misma es la luz del sol, por más que se vea impedida con murallas, montes y otras infinitas cosas; una es la materia común, aunque se halle dividida en infinitos cuerpos de distintas cualidades; una es el alma universal, por más que esté encerrada en infinitas naturalezas; una el alma racional, aunque parezca estar separada. Y, á la verdad, las otras partes de las cosas insinuadas, esto es, sus formas y materias, carecen de sentido ni tienen vínculo alguno que mutuamente las una; pero esas mismas las junta la mente universal y el peso que las inclina á un mismo lugar. Finalmente, el alma racional se aficiona con particularidad á lo que es de su mismo género, y se une, sin que este afecto de comunicación ceda á los impedimentos.

XXXI. ¿Cuál es tu anhelo? ¿Acaso tu propia conservación? ¿por ventura el sentir? ¿el moverte? ¿el crecer? ¿el cesar después de crecer? ¿el hablar? ¿el pensar? ¿Cuál de estas cosas te parece acreedora á tu deseo? Pero si cada una en particular la tienes por vil y despreciable, inclínate á este último partido, que es el de seguir la razón y obedecer á Dios, aunque se opone á esta resolución el llevar á mal que por la muerte nos hayamos de privar de alguna de aquellas cosas.

XXXII. ¡Cuán pequeña es la parte de tiempo infinito é inmenso que se ha distribuído y señalado á cada uno! Porque realmente desaparece muy pronto en el abismo de la eternidad. ¡Cuán pequeña porción tiene uno de la materia universal! ¡Cuán pequeña igualmente te cupo del alma universal! ¡En cuán pequeña gleba de toda la tierra andas arrastrado! Habiendo considerado todo esto, nada te imagines por cosa grande, sino el hacerlo todo como tu propia naturaleza te dirige, y recibirlo como lo envía la naturaleza común.

XXXIII. El espíritu, en cierto modo, hace uso de sí mismo, y á la verdad, en esto estriba todo; pues lo demás, ó bien sea voluntario ó indeliberado, es cosa caduca y se reputa por humo.

XXXIV. El mayor desengaño para el desprecio de la muerte es la consideración de que aun la menospreciaron también aquellos que juzgaban el deleite por bueno y el trabajo por malo.

XXXV. De ningún modo es temible la muerte á quien sólo tiene por bueno lo que es oportuno, á quien lo mismo se le da poder ejecutar muchas acciones conformes á la recta razón que practicar muy pocas; finalmente, á quien mira con indiferencia el contemplar por más ó menos tiempo el mundo ó sus cosas.

XXXVI. ¿Has hecho tú, buen hombre, una vida interesante al público en esta gran ciudad del mundo? *Luego* ¿qué te importa el haber sólo vivido cinco años? Porque es igual á cada uno lo que se conforma con las leyes. Pues ¿qué mal hay en que te destierre de esa ciudad, no *digo* un tirano ni un juez inicuo, sino la misma naturaleza que te había introducido? Esto es lo mismo que si el pretor despidiese del teatro el representante que él mismo había recibido. Pero yo, *dirás*, aun no he representado cinco actos, sino sólo tres. Has dicho bellamente, aunque en la vida tres actos solos componen un drama entero; porque determina el fin y cumplimiento de la vida aquel que antes fué causa de tu composición y lo es ahora de tu disolución, sin que tú seas autor de ninguna de las dos cosas. Vete, pues, con ánimo alegre, supuesto que quien te despide es benigno y te será propicio.

FIN DE LOS DOCE LIBROS DE MARCO AURELIO

BIBLIOTECA ECONÓMICA FILOSÓFICA

2 reales tomo.

OBRAS PUBLICADAS

Volúmenes.

I. Platón. *Diálogos socráticos.* Trad. de J. de Vargas. (2.ª edición.)

II. Descartes. *Discurso del método.* Traducción de íd. (Agotado.)

III. Kant. *Fundamentos de una metafísica de las costumbres.* Trad. de Antonio Zozaya. (Próximo á agotarse.)

IV. Schelling. *Bruno ó del principio divino y natural de las cosas.* Trad. de íd.

V. Leibnitz. *La Monadología. De la naturaleza.* Trad. de íd.

VI. VII y VIII. Spinoza. *Tratado teológico-político.* Trad. de A. Z. y J. V.

IX. Sanz del Río. *El idealismo absoluto. Discurso pronunciado en la Universidad.*

Volúmenes.

X. ROUSSEAU. *Del contrato social.* Trad. de A. Zozaya.

XI. LAMENNAIS. *El libro del pueblo. El eco de las cárceles.* Trad. de id.

XII y XIII. SANTO TOMÁS. *Teodicea.* Traducción directa de J. V.

XIV. EPICTETO. *Máximas.* Trad. de A. Zozaya.

XV. RICHTER. *Teorías estéticas.* Trad. de J. V.

XVI. PASCAL. *Pensamientos.* Trad. de I. G. y González.

XVII. FENELÓN. *El ente infinito.* Trad. de A. Z.

XVIII y XIX. PLATÓN. *Diálogos polémicos.* Traducción de id.

XX. CICERÓN. *De la República.* Trad. directa de id.

XXI. MARCO AURELIO. *Los Doce libros.* Traducción directa de J. Díaz de Miranda.

EN PREPARACIÓN

DESCARTES. *Meditaciones metafísicas.*
ARISTÓTELES. *La Política,* tomo I.

Advertencias.—A los Sres. Libreros se les hace rebaja del 25 por 100.

Los pedidos se dirigirán, acompañando su importe, al administrador.